Bernd Ganser (Hg.)
Sandra Kroll-Gabriel

Lese-Rechtschreib-Schwierigkeiten – Fördermaterialien

Materialband: Screening, Förderpläne, Basisfertigkeiten

Ideal für den Förderunterricht

Auer

5. Auflage 2025

Autor*innen: Bernd Ganser (Hg.), Sandra Kroll-Gabriel
Illustrationen: Carmen Hochmann
Satz: Fotosatz H. Buck, Kumhausen
Druck und Bindung: Joh. Walch GmbH & Co. KG
ISBN 978-3-403-**06674**-3

www.auer-verlag.de

Inhaltsverzeichnis

Vorwort

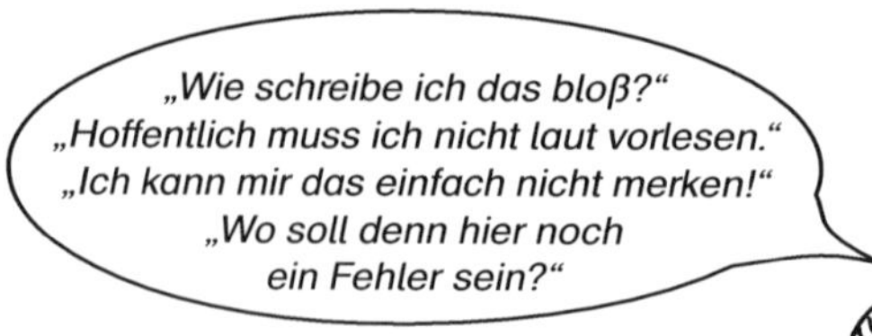

Theorie in Kürze
Diese Äußerungen stammen von Kindern mit einer schwierigen Lernentwicklung beim Lesen und Schreiben. Probleme beim Schriftspracherwerb werden heute meist unter dem Begriff „Lese-Rechtschreibschwierigkeiten (LRS)“ zusammengefasst und haben ihren Ursprung bereits im Vorschulalter.

Sie belasten betroffene Kinder und Jugendliche in der Regel über die Schulzeit hinaus bis ins Arbeitsleben. Verantwortlich für diese Defizite ist meist ein ganzes Bündel an Ursachen, weshalb systemische Erklärungsansätze und individuelle Diagnostik als Basis für effektive Förderung unabdingbar sind.

Risikokinder benötigen im Unterricht als Folge ihrer Entwicklungsverzögerung mehr Zeit, mehr Zuwendung und vor allem individuelle Zugänge zu den Lerninhalten.[1]
Daraus ergibt sich zwangsläufig die Notwendigkeit einer spezifischen Förderung dieser Kinder, die qualitativ und quantitativ über den Regelunterricht hinausgeht.

Für wen ist dieses Fördermaterial gedacht?
Alle drei Bände dieser Reihe richten sich an

- Förderschullehrkräfte,
- Grundschullehrkräfte,
- Therapeuten und
- interessierte Eltern,

die Kinder mit Lese-Rechtschreibschwierigkeiten ein Stück voranbringen wollen und dafür individuell einsetzbare Materialien für eine passgenaue Förderung suchen.

Wie arbeite ich mit diesen Materialien?
Besonders gut eignen sich die drei Bände zum individuellen Einsatz in speziellen schulischen und außerschulischen Förderangeboten für betroffene Kinder (Förderkurse, Einzel- und Gruppentherapie).

Band 1 enthält neben Checklisten für Lehrkräfte/Therapeuten, Eltern und Schüler ausführliche Screenings zur Überprüfung des Entwicklungsstands des Lesens und Rechtschreibens. Daraus können passgenaue individuelle Fördermöglichkeiten abgeleitet werden.
Dazu werden entsprechende Trainingsmaterialien jeweils in Form von Karteikarten und Kopiervorlagen angeboten. Vorausgehend dazu finden Sie kurze Hinweise zur unterrichtspraktischen Durchführung mit Lösungen. Karteikarten auf leichten, farbigen Karton kopieren, laminieren, eventuell auch eine Lösungskartei anfertigen, die aufgelisteten Materialien bereitstellen, und schon kann es losgehen!

Dies gewährleistet eine Verwendung der Materialien für die Gestaltung des täglichen Lese- und Rechtschreibunterrichts und des Förderunterrichts. Ebenso hilfreich sind die Angebote für die Planung von Freiarbeit, Wochenplanarbeit und für häusliche Stützmaßnahmen. Der Refle-

1 Siehe z.B. Scheerer-Neumann, G. (2004): Lese-Rechtschreib-Schwäche: Wo stehen wir heute? In: Thomé, G. (Hrsg.): Lese-Rechtschreibschwierigkeiten (LRS) und Legasthenie. Beltz: Weinheim u. a., 22–39.

xionsbogen (KV 1, S. 41) ermöglicht den Schülern eine bewusste Auseinandersetzung mit ihren Leistungen bei den einzelnen Übungen und dem Lehrer einen schnellen Überblick über bereits durchgeführte Aufgaben.

Aufbau der Reihe

Band 1: – Informelle Diagnose
– auditives und visuelles Basistraining

Band 2: – Lesefertigkeit
– Sinnverständnis

Band 3: – Rechtschreibtraining

Zu Band 2 und 3 gibt es auch auf die Unterrichtshilfen abgestimmte **Arbeitshefte**. Mit „Mein Lese-Trainingsheft" (Bestell-Nr. 06762) und „Mein Rechtschreib-Trainingsheft" (Bestell-Nr. 06763) kann das Lese- bzw. Rechtschreibtraining zu Hause ideal fortgesetzt werden.

Sie suchen noch eine motivierende Förderhilfe zum Lesen- und Rechtschreibenlernen, die nach dem Stufenmodell zum Schriftspracherwerb gegliedert ist? Kein Problem! Fragen Sie nach dem Buch „Damit hab ich es gelernt" (Bestell-Nr. 03152) vom Auer Verlag.

Viel Freude und Erfolg beim Arbeiten mit Band 1.

Beobachtung und Förderung

Theorie des Schriftspracherwerbs

Am Anfang einer effizienten Förderung lese-rechtschreibschwacher Schüler steht die Ermittlung des individuellen Entwicklungsniveaus ihres Schriftspracherwerbs. Daraus können dann adäquate Fördermaßnahmen abgeleitet werden.
Hierfür eignen sich entwicklungspsychologische Stufenmodelle, z. B. von Frith, Günther, Scheerer-Neumann, Spitta oder Valtin[2], die allesamt auf der Piaget'schen Lehre basieren. Demnach werden die einzelnen Stufen mehr oder weniger hierarchisch durchlaufen, wobei der Vernetzung erworbener Teilfertigkeiten eine entscheidende Bedeutung zukommt.
Der Zusammenhang zwischen gesprochener und geschriebener Sprache eröffnet sich den Lernenden nicht durch bloßes Zusammenfügen von Einzelfertigkeiten sondern vielmehr durch eine aktive Auseinandersetzung mit dem Gegenstand „Sprache".

Entwicklungspsychologisches Stufenmodell des Schriftspracherwerbs

Die vorliegende Reihe zur Förderung Lese-Rechtschreibschwacher legt dem Erwerb der Schriftsprache ein vierstufiges Modell zugrunde, das nachfolgend näher erläutert wird.

1. Präliteral symbolische Phase (Vorschulbereich)
   Das Kind entdeckt, dass Buchstaben etwas mit Sprache zu tun haben. Zum Beispiel lesen Kinder den Text zu bekannten Bilderbüchern oder erkennen bekannte Schriftzüge aus der Werbung. Hierbei stehen visuelle Behaltensprozesse noch klar im Vordergrund.

2. Logographemische Stufe (Zeitraum der Einschulung bzw. erste Schulwochen)
   Das Kind orientiert sich beim Schreiben und Lesen an hervorstechenden Merkmalen (Logos). Kinder können zum Beispiel ihren Namen schreiben sowie markante Wörter wiedererkennen und mit Inhalten verbinden. Auf dieser Stufe werden Wörter ganzheitlich geschrieben oder gelesen, indem auswendig Gelerntes reproduziert wird.

3. Alphabetische Stufe (Erstlesen)
   Das Kind kann Phonem-Graphem-Zuordnungen erfassen, Wörter in Laute gliedern sowie Laute in Buchstaben übertragen und aufschreiben. Die Zuordnung von Buchstabe und Phonem wird systematisch beim Erlesen der Wörter eingesetzt. Lesen ist zuerst eine phonologische Decodierung von Einzelgraphemen und später ein simultanes Erfassen von Graphemfolgen.
   Beim Schreiben wird die Lautfolge des Wortes in ein orthografisches Zeichensystem übertragen und Wörter werden über die Lautanalyse lautgetreu aufgeschrieben.

4. Orthografische Stufe
   Das Kind lernt durch aktive Auseinandersetzung mit der Schriftsprache, orthografische Besonderheiten zu beachten. Rechtschreibregeln werden zunehmend automatisiert und angewendet. Das phonologische Recodieren wird automatisiert und die Lesegeschwindigkeit wird deutlich erhöht. Auf dieser Stufe kann es teilweise zu sogenannten Übergeneralisierungen kommen. Dabei werden erlernte Regelmäßigkeiten auf unpassende Fälle übertragen (Vrage, vertig, kahm, ...).
   Durch den aktiven Umgang mit der Schriftsprache und das konsequente, systematische Üben können häufige Buchstabenverbindungen und Wortsegmente „automatisiert" gelesen und geschrieben werden. Die Buchstabenebene wird verlassen und als Verarbeitungseinheit stehen Silben und Morpheme zur Verfügung. Durch die kognitive Entlastung wird das Lese- und Schreibtempo deutlich erhöht.

Schließlich folgt bei der Entwicklung der Lesefähigkeit die **Stufe des sinnentnehmenden Lesens** und bei der Entwicklung der Rechtschreibfähigkeit die **Stufe der wortübergreifenden automatisierten Strategie**. Die

2 Genaueres dazu siehe: Akademie für Lehrerfortbildung und Personalführung (Hrsg.): Lese-Rechtschreib-Schwierigkeiten, Auer Verlag, S. 12–17

Lesetechnik erfordert nicht mehr die Hauptaufmerksamkeit, sodass sich das Lesetempo deutlich erhöht und der Schwerpunkt verlagert sich auf Klanggestaltung und Sinnentnahme. Beim Schreiben steht ein großer Bestand an gespeichertem Wortschatz zur Verfügung, der nicht mehr neu konstruiert werden muss, sondern automatisch abrufbar ist.

Zur Bestimmung der individuellen Stufe des Kindes, um daraus geeignete Förderschwerpunkte abzuleiten, helfen die im folgenden Kapitel dargestellten Checklisten und informellen Beobachtungsbögen.

Informelle Diagnosemöglichkeiten/ Screening

Zur Ermittlung der vorherrschenden Stufe des Schriftspracherwerbs und somit als Grundlage für eine treffsichere Stärken-Schwächen-Analyse wurden die nachfolgenden Checklisten und informellen Beobachtungsbögen entwickelt. Daraus lassen sich dann in gezielter Ergänzung zur allgemeinen Unterrichtsbeobachtung individuelle Fördermaßnahmen ableiten.

Überblick über die Checklisten und Fragebögen:

1. Checkliste für Lehrer (S 1, S. 9 f.)
   Dadurch erhalten Sie eine erste Einschätzung über die problembehafteten Teilbereiche. Werden die Fragen überwiegend mit Nein beantwortet, sollte eine genauere Überprüfung erfolgen (je nach Häufung in den einzelnen Bereichen mit S 4 oder/und S 6).

2. Elternfragebogen (S 2, S. 10)
   Der Elternfragebogen dient zum einen als Gesprächsleitfaden und zum anderen zur Überprüfung der gewonnenen Erkenntnisse aus der Sichtweise der Eltern. Auch hier gilt, dass, wenn die Fragen überwiegend mit Nein beantwortet wurden, eine genauere Überprüfung mit den Beobachtungsbögen (je nach Häufung) erfolgen sollte. Eine effiziente Förderung muss kontinuierlich stattfinden und ist nur in Kooperation mit den Eltern möglich.

3. Selbsteinschätzungsbogen (S 3, S. 11)
   Im Mittelpunkt der Förderung steht das Kind. Daher empfiehlt es sich, dessen Einstellungen zu relevanten Förderbereichen auch als Basis für vertiefende Gespräche über subjektive Strategien, Unzulänglichkeiten und Ressourcen herzunehmen. Außerdem dient die Selbsteinschätzung zur Akzeptanz der zusätzlichen Förderung und es kann auf die Aussagen im Rahmen einer späteren Zielüberprüfung von Fördermaßnahmen zurückgegriffen werden.

4. Beobachtungsbogen für Kinder mit Leseschwierigkeiten (S 4, S. 12 ff.)
   Zuerst bearbeitet das Kind nach der Anweisung der Lehrkraft das Arbeitsblatt (S 5, S. 16 ff.). Die Lehrkraft notiert die Beobachtungen auf dem Beobachtungsbogen S 4. Es empfiehlt sich im Anschluss eine Analyse der Leseproben hinsichtlich der Schwierigkeiten im Leseverständnis.
   Nach der Auswertung kann die Stufe des Leselernprozesses festgelegt und entsprechende Förderschwerpunkte daraus abgeleitet werden.

5. Beobachtungsbogen für Kinder mit Rechtschreibschwierigkeiten (S 6, S. 20)
   Hier wird zuerst die Laut-Graphem-Zuordnung überprüft (S 7, S. 21). Die Lehrkraft diktiert die Wörter aus der Wörterliste und das Kind schreibt die Wörter auf. Wichtig ist dabei nur die Abbildung des markierten Lautes. Rechtschreibbesonderheiten werden vernachlässigt. Zur Analyse der Rechtschreibleistung sollte die Lehrkraft mehrere vom Kind verfasste Texte zur Verfügung haben. Mithilfe des Beobachtungsbogens lassen sich die Rechtschreibfehler kategorisieren, die Stufe des Schriftspracherwerbs wird deutlich und entsprechende Förderschwerpunkte können festgelegt werden.

Förderplan erstellen

Allgemeine Hinweise zur Erstellung eines Förderplans

1. Was ist ein Förderplan?
   Ein Förderplan ist
   - eine Beschreibung besonderer Fördermaßnahmen, die ein Kind benötigt.
   - eine sorgfältige Analyse der Stärken, Schwächen und Bedürfnisse des Kindes.
   - ein Bericht mit speziellen Vereinbarungen, die berücksichtigt werden müssen, damit

das Kind die Lernziele im Rahmen seiner Möglichkeiten erreicht.

2. Bestimmung der Förderziele

Was hat das Kind schon gelernt? *Auf welcher Stufe steht das Kind?* *Was soll das Kind lernen?*

Grundsätze:

- Ziele sollen erreichbar sein!
- Ziele für den Leistungsbereich sollten im ausgewogenen Maß zu den anderen Zielen bestehen, wie Arbeits- und Lerntechniken, Abbau von Angst, Erhöhung des Selbstvertrauens oder Freude an der schulischen Arbeit.

3. Konkreter Förderplan
   - Fördermaßnahmen werden anhand der Ziele aufgelistet.
   - Schwerpunkt soll ersichtlich sein.
   - Was kann die Schule leisten?
   - Was kann das Kind selbst tun?
   - Was können die Eltern tun?
   - Ist außerschulische Unterstützung ratsam?

   Dabei gilt es, die individuelle, schulische und familiäre Situation des Kindes zu berücksichtigen.

4. Zielerreichung
   - regelmäßige Kontrolle der Zielerreichung
   - gegebenenfalls neue Zielformulierung

Förderplan für Kinder mit Lese-Rechtschreib-Schwierigkeiten (S 8, S. 22)

1. Sorgfältige Analyse der Stärken und Schwächen
   - Checklisten
   - Screenings
   - Leistungsnachweise durch Proben
   - Zeugnisse

2. Förderziele festlegen
   - Persönlichkeitsbereich
   - Lern- und Arbeitsverhalten
   - Bereich Lesen (Stufe des Leseprozesses, Fehlersymptomatik)
   - Bereich Rechtschreiben (Stufe des Rechtschreibprozesses, Fehlerprotokoll)

   Die Ziele müssen während der Förderarbeit gegebenenfalls korrigiert oder ergänzt werden.

3. Übungen zur konkreten Förderung festlegen
   - Basistraining (ab S. 23)
   - Lesetraining (s. Band 2, Bestell-Nr. 06675, und Arbeitsheft, Bestell-Nr. 06762)
   - Rechtschreibtraining (s. Band 3, Bestell-Nr. 06676, und Arbeitsheft, Bestell-Nr. 06763)

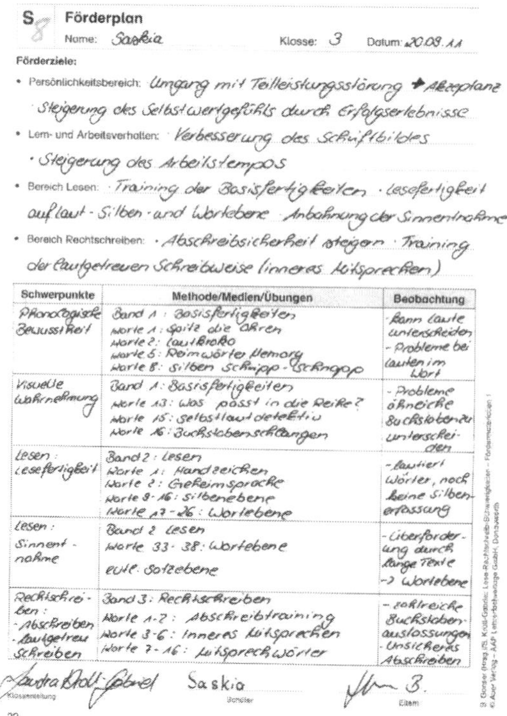

S 8 **Förderplan**

Name: Saskia Klasse: 3 Datum: 20.09.11

Förderziele:

- Persönlichkeitsbereich: Umgang mit Teilleistungsstörung → Akzeptanz · Steigerung des Selbstwertgefühls durch Erfolgserlebnisse
- Lern- und Arbeitsverhalten: Verbesserung des Schriftbildes · Steigerung des Arbeitstempos
- Bereich Lesen: · Training der Basisfertigkeiten · Lesefertigkeit auf Laut- Silben- und Wortebene · Anbahnung der Sinnentnahme
- Bereich Rechtschreiben: · Abschreibsicherheit steigern · Training der lautgetreuen Schreibweise (inneres Mitsprechen)

Schwerpunkte	Methode/Medien/Übungen	Beobachtung
Phonologische Bewusstheit	Band 1: Basisfertigkeiten Karte 1: Spitz die Ohren Karte 2: Lautkroko Karte 5: Reimwörter Memory Karte 8: Silben Schnipp-Schnapp	- kann Laute unterscheiden - Probleme bei Lauten im Wort
Visuelle Wahrnehmung	Band 1: Basisfertigkeiten Karte 13: Was passt in die Reihe? Karte 15: Selbstlaut detektiv Karte 16: Buchstabenschlangen	- Probleme ähnliche Buchstaben zu unterscheiden
Lesen: Lesefertigkeit	Band 2: Lesen Karte 1: Handzeichen Karte 2: Geheimsprache Karte 8-16: Silbenebene Karte 17-26: Wortebene	- lautiert Wörter, noch keine Silbenerfassung
Lesen: Sinnentnahme	Band 2 Lesen Karte 33-38: Wortebene evtl. Satzebene	- Überforderung durch lange Texte → Wortebene
Rechtschreiben: - Abschreiben - lautgetreu Schreiben	Band 3: Rechtschreiben Karte 1-2: Abschreibtraining Karte 3-6: Inneres Mitsprechen Karte 7-16: Mitsprechwörter	- zahlreiche Buchstabenauslassungen - Unsicheres Abschreiben

Sandra Kroll-Gabriel (Klassenleitung) Saskia (Schüler) [Unterschrift] (Eltern)

22

Checkliste für Lehrer

Name des Kindes: ______________________

Allgemein:

Sieht das Kind gut? Trägt es keine Brille?	Ja ❐	Nein ❐
Hört das Kind gut? Es wurden keine Hörauffälligkeiten festgestellt?	Ja ❐	Nein ❐
Ist das Kind im Bereich Motorik altersgemäß entwickelt? Welche graphomotorischen Schwierigkeiten hat das Kind? ______________________	Ja ❐	Nein ❐
Arbeitet das Kind durchgängig mit der gleichen Hand? ❐ Rechtshänder ❐ Linkshänder	Ja ❐	Nein ❐
Hat das Kind die korrekte Stifthaltung?	Ja ❐	Nein ❐
Kann das Kind rechts und links unterscheiden?	Ja ❐	Nein ❐
Verfügt das Kind über einen altersgemäßen Wortschatz?	Ja ❐	Nein ❐
Spricht das Kind flüssig die hochdeutsche Sprache (keinen Dialekt)?	Ja ❐	Nein ❐
Spricht das Kind in vollständigen Sätzen?	Ja ❐	Nein ❐

Lesen:

Beherrscht das Kind alle Laute? Welche Laute werden nicht beherrscht? ______________________	Ja ❐	Nein ❐
Kann das Kind ähnliche Laute unterscheiden?	Ja ❐	Nein ❐
Kann das Kind ähnliche Buchstaben unterscheiden (b/d/p)?	Ja ❐	Nein ❐
Liest das Kind zusammenschleifend (Synthese)?	Ja ❐	Nein ❐
Liest das Kind gerne laut vor?	Ja ❐	Nein ❐
Versteht das Kind den Sinn des Gelesenen?	Ja ❐	Nein ❐
Liest das Kind wortgenau (keine Wort- oder Buchstabenauslassungen)?	Ja ❐	Nein ❐
Hält das Kind beim Lesen die Zeile ein?	Ja ❐	Nein ❐

Rechtschreiben:

Verlief der Schriftspracherwerb ohne Schwierigkeiten?	Ja ❐	Nein ❐
Hält das Kind die Zeilen ein?	Ja ❐	Nein ❐
Zeigt das Kind ein leserliches Schriftbild?	Ja ❐	Nein ❐
Zeigt das Kind Abschreibsicherheit?	Ja ❐	Nein ❐
Schreibt das Kind in angemessenem Tempo?	Ja ❐	Nein ❐
Schreibt das Kind ohne dabei mitzusprechen?	Ja ❐	Nein ❐
Findet das Kind selbstständig Fehler in eigenen Texten?	Ja ❐	Nein ❐
Beherrscht das Kind die Groß- und Kleinschreibung?	Ja ❐	Nein ❐
Schreibt das Kind lautgetreue Wörter richtig?	Ja ❐	Nein ❐
Schreibt das Kind die Lernwörter richtig?	Ja ❐	Nein ❐
Wendet das Kind Rechtschreibstrategien an?	Ja ❐	Nein ❐
Beherrscht das Kind behandelte Rechtschreibregeln und wendet diese an?	Ja ❐	Nein ❐
Zeigt das Kind eine altersgemäße Fehlerzahl in eigenen Texten?	Ja ❐	Nein ❐

Auswertung: Bei überwiegend Nein empfiehlt sich eine genauere Überprüfung im entsprechenden Bereich.

Elternfragebogen

Name des Kindes: ....

Allgemein:

Wann begann Ihr Kind zu sprechen?	❒ früh ❒ mittel	❒ spät
Verlief der Spracherwerb Ihres Kindes ohne Auffälligkeiten? (Es war nicht in logopädischer Behandlung.)	Ja ❒	Nein ❒
Besuchte Ihr Kind eine Kindertagesstätte?	Ja ❒	Nein ❒
War die Entwicklung Ihres Kindes in der Kindertagesstätte altersgemäß? Welche Auffälligkeiten haben die Erzieherinnen festgestellt?	Ja ❒	Nein ❒
Nahm Ihr Kind an einem vorschulischen Förderprogramm teil (z. B. Hören, lauschen, lernen)?	Ja ❒	Nein ❒
Verläuft das Hausaufgabenmachen zurzeit problemlos? Welche Probleme gibt es im Moment?	Ja ❒	Nein ❒

Lesen:

Konnte Ihr Kind alle Buchstaben in der 1. Klasse problemlos erfassen?	Ja ❒	Nein ❒
Liest Ihr Kind gerne?	Ja ❒	Nein ❒
Zeigt Ihr Kind Interesse an Büchern?	Ja ❒	Nein ❒
Liest Ihr Kind beim lauten Vorlesen flüssig (nicht stockend)?	Ja ❒	Nein ❒
Liest Ihr Kind gerne laut vor?	Ja ❒	Nein ❒
Liest Ihr Kind wortgenau und lässt keine Buchstaben oder Wörter aus?	Ja ❒	Nein ❒
Kann Ihr Kind ähnliche Buchstaben unterscheiden?	Ja ❒	Nein ❒

Rechtschreiben:

Zeigt Ihr Kind die richtige Schreib- und Stifthaltung?	Ja ❒	Nein ❒
Schreibt Ihr Kind gerne?	Ja ❒	Nein ❒
Hält Ihr Kind die Zeilen ein?	Ja ❒	Nein ❒
Schreibt Ihr Kind zügig und kann alle Buchstaben abrufen?	Ja ❒	Nein ❒
Beherrscht Ihr Kind die Groß- und Kleinschreibung?	Ja ❒	Nein ❒
Schreibt Ihr Kind die Lernwörter richtig?	Ja ❒	Nein ❒
Wendet Ihr Kind Rechtschreibstrategien an (Silben trennen bzw. verlängern)?	Ja ❒	Nein ❒
Kennt Ihr Kind Rechtschreibregeln und wendet diese an?	Ja ❒	Nein ❒

Auswertung: Bei überwiegend Nein empfiehlt sich eine genauere Überprüfung.

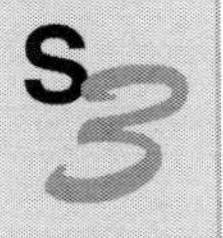

S3 Selbsteinschätzungsbogen

Name des Kindes: ....

So schätze ich mich ein!

Dieses Fach mag ich am liebsten: ....

Warum? ....

Dieses Fach mag ich nicht so gerne: ....

Warum? ....

Ich lese gerne Bücher.	☀	☁
Ich lese gerne laut vor.	☀	☁
Ich lese gerne kurze Texte.	☀	☁
Ich weiß, welche Wörter ich großschreiben muss.	☀	☁
Ich weiß, welche Wörter ich kleinschreiben muss.	☀	☁
Ich spreche beim Schreiben die Wörter mit.	☀	☁
Ich schreibe gerne von der Tafel ab.	☀	☁
Ich merke mir beim Abschreiben mehrere Wörter und schreibe sie dann auf.	☀	☁
Ich finde beim Verbessern oft selbst meine Fehler.	☀	☁
Ich spreche die Wörter in Silben, damit ich weiß, wie ich sie schreiben muss.	☀	☁
Ich weiß, welche Wörter Mitsprechwörter sind.	☀	☁
Ich weiß, welche Wörter Nachdenkwörter sind.	☀	☁
Ich weiß, welche Wörter Merkwörter sind.	☀	☁

Diese Wörter kann ich mir gut merken: ....

....

Diese Wörter kann ich mir nicht gut merken: ....

....

S 4 Beobachtungsbogen für Kinder mit Leseschwierigkeiten (1)

Name: .... Klasse: .... Datum: ....

Die Schüler bearbeiten mit Ihnen gemeinsam das Arbeitsblatt „Zeige, was du kannst!" (S 5, S. 16 ff.). Stellen Sie den Arbeitsauftrag wie unten vorgegeben und notieren Sie Ihre Beobachtungen. Bei einer Nein-Antwort sollte auf die angegebenen Fördermöglichkeiten zurückgegriffen werden.

Laut-Silbenebene:

	Bereich	Beobachtungen	Auswertung	
beginnende alphabetische Stufe	1. Überprüfung der Laut- und Buchstabenzuordnung *a) Buchstabenband* Anweisung: „Kreise das L gelb ein!" A S H U D X N F M O G P (L) I K V B T R E W C J QU Y Ä Ü Ö ß	***Überprüfen Sie, ob das Kind eine vollständige Laut-Graphem-Zuordnung beherrscht, den Anlaut richtig identifiziert und Laute im Wort richtig hört. Bitten Sie das Kind die Wörter jeweils laut vorzusprechen. Gegebenenfalls sollten Sie die Wörter vorsprechen.*** • erkennt die Laute/Buchstaben	Ja ❒	Nein ❒
		Nein → Band 1 Phonologische Bewusstheit *Visuelle Wahrnehmung*		
	b) Anlaut Anweisung: „Mit welchem Laut beginnen diese Wörter?" **A**ffe, **D**ose, **B**uch	• erkennt den Anlaut	Ja ❒	Nein ❒
	c) Laute hören Anweisung: „In welchen Wörtern hörst du ein r?" **R**ose, Gi**r**affe	• hört Laute im Wort	Ja ❒	Nein ❒
		Nein → Band 1 Phonologische Bewusstheit *Band 2 Lesefertigkeit Lautebene* Sonstiges:		
vollentfaltete alphabetische Stufe	*2. Überprüfung des phonetischen Schreibens bzw. der Synthese auf der Wortebene* *d) Zuordnen von Wortanfängen zu Bildern (Synthese von Wortanfängen zu Bildern)* Anweisung: „Ordne die Wortanfänge den Bildern zu!" Hase = Ha, Kamel = Ka, Tiger = Ti	***Beobachten Sie das Kind genau und dokumentieren Sie Ihre Beobachtungen.*** • kann Wortanfänge ergänzen • berücksichtigt die Laute in ihrer Reihenfolge	Ja ❒ Ja ❒	Nein ❒ Nein ❒
	e) Silbenband Anweisung: „Kreise den Wortanfang ein! Flasche. Papier."	• kann Wörter in Silben zerlegen	Ja ❒	Nein ❒
		Nein → Band 1 Phonologische Bewusstheit *Band 2 Lesefertigkeit Laut-, Silbenebene*		
	f) Von der Silbe zum Wort Anweisung: „Verbinde die Silben!" Na-gel, E-sel, Ta-fel	• kann Wörter aus Silben bauen	Ja ❒	Nein ❒
		Nein → Band 1 Phonologische Bewusstheit *Band 2 Lesefertigkeit Laut-, Silben-, Wortebene* *Sinnentnahme Wortebene*		

S 4

Beobachtungsbogen für Kinder mit Leseschwierigkeiten (2)

Name: .... Klasse: .... Datum: ....

vollentfaltete alphabetische Stufe	*g) Passendes Wort einkreisen* Anweisung: „Kreise das passende Wort ein!“ Hund, Baum	• kann ähnliche Wörter unterscheiden	Ja ❒	Nein ❒
		Nein → Band 2 Lesefertigkeit Wortebene *Sinnentnahme Wortebene*		
	h) Sinnvolle Wörter finden Anweisung: „Nur ein Wort ist richtig, kreise es ein!“ Kind, Hose, Lama	• erkennt sinnvolle Wörter	Ja ❒	Nein ❒
		Nein → Band 2 Lesefertigkeit Wortebene *Sinnentnahme Wortebene* Sonstiges:		

Wortebene:

Bereich		**Beobachtungen**	**Auswertung**	
orthografische Stufe	*i) Wortlisten* Anweisung: „Lies die Wörter!“ 1. Zaun – Zäune/Traum – Träume 2. Eule – Keule 3. Spiel – Spaß – Strauch – Straße 4. Tomate – Ananas – Salami – Melone 5. Laden – Waden 6. Betten – Ecke – Nummer 7. Schrank – Schritte – Schlange 8. Biene – Ziege – Liege 9. Fehler – Höhe – Zehen 10. Schultasche – Federmäppchen – Blumenvase 11. kaluri – ekalos – belata – umala	***Markieren Sie die falschen Wörter und werten Sie diese anschließend in der rechten Spalte aus.*** • erkennt Silben und liest zusammenschleifend (nicht lautierend: B Ba Ban Bana Banan Banane)	Ja ❒	Nein ❒
		Wenn nein, dann Probleme bei ❒ 1. Doppellaut *au/äu* ❒ 2. Doppellaut *eu* ❒ 3. Sp/St am Wortanfan ❒ 4. dreisilbiges lautreines Wort ❒ 5. Abfolge Konsonant – Vokal … ❒ 6. Wörter mit Konsonantenverbindungen ❒ 7. Konsonantenverbindung im Anlaut und Konsonantenhäufung am Wortanfang ❒ 8. Zweisilbiges Wort mit *ie* ❒ 9. Wörter mit *h* ❒ 10. mehrsilbiges, zusammengesetztes Wort ❒ 11. liest Unsinnswörter richtig		
		Nein → Band 2 Lesefertigkeit Laut-, Silben-, Wortebene		

Beobachtungsbogen für Kinder mit Leseschwierigkeiten (3)

Name: ______________________ Klasse: ________ Datum: ________

Satz-/Textebene:

Bereich	Beobachtungen	Auswertung

orthografische Stufe

j) Lesetext
Anweisung: „Lies den Text!"
(S 5 Lesescreening (4), S. 19)

Mein Schulweg *(2. Klasse)*
Jeden Tag gehe ich in die Schule. Mein Schulweg ist nicht weit. Meist treffe ich meine Freunde schon am Morgen. Es gibt immer etwas zu erzählen.

In der Schule *(3. Klasse)*
Jeden Tag gehe ich in die Schule. Mein Schulweg ist.nicht weit. Meist treffe ich meine Freunde schon am Morgen. Es gibt immer etwas zu erzählen. Meine Freunde Mia und Timo sind meist noch etwas müde. In der Garderobe hat jedes Kind einen festen Platz. Alle Jacken hängen am Haken und die Schuhe stehen ordentlich im Regal. Jetzt kann die erste Stunde beginnen.

Mein Schultag *(4. Klasse)*
Jeden Tag gehe ich in die Schule. Mein Schulweg ist nicht weit. Meist treffe ich meine Freunde schon am Morgen. Es gibt immer etwas zu erzählen. Meine Freunde Mia und Timo sind meist noch etwas müde. In der Garderobe hat jedes Kind einen festen Platz. Alle Jacken hängen am Haken und die Schuhe stehen ordentlich im Regal. Jetzt kann die erste Stunde beginnen. Frau Müller wartet schon im Klassenzimmer. Alle Kinder legen die Hausaufgaben bereit. Am Montag dürfen wir zuerst vom Wochenende erzählen. Alle haben viel erlebt.

Markieren Sie alle falschen Wörter und werten Sie diese anschließend in der rechten Tabelle aus.

Lesetechnik (Flüssigkeit, Geschwindigkeit, Genauigkeit, Sicherheit, …)

Beobachtung	Ja	Nein
• liest flüssig	Ja ☐	Nein ☐
• liest unbekannte Wörter ohne Schwierigkeiten	Ja ☐	Nein ☐
• liest längere/schwierige Wörter ohne Schwierigkeiten	Ja ☐	Nein ☐
• liest genau und alle Wörter richtig	Ja ☐	Nein ☐
• verschluckt keine Wortendungen	Ja ☐	Nein ☐
• erkennt alle Wörter (errät sie nicht)	Ja ☐	Nein ☐
• korrigiert sich selbst	Ja ☐	Nein ☐
• erkennt Silben und liest zusammenschleifend (Ba-na-ne)	Ja ☐	Nein ☐
• liest ohne große Pausen	Ja ☐	Nein ☐
• beachtet Satzzeichen	Ja ☐	Nein ☐
• versteht alle Wörter (konstruiert keine Pseudowörter)	Ja ☐	Nein ☐

Formel zur Berechnung der durchschnittlichen Lesezeit in Wörtern pro Minute: Wortzahl x 60
Lesezeit in Sekunden = Wörter pro Minute
2. Jgst. 40–90 Wörter pro Minute
3. Jgst. 60–100 Wörter pro Minute
4. Jgst. 80–120 Wörter pro Minute

	sicher	durch-schnittlich	schwach	sehr schwach
2. Jgst. ca. 25 Wörter	< 15 Sek.	15–65 Sek.	65–220 Sek.	> 220 Sek.
3. Jgst. ca. 60 Wörter	< 40 Sek.	40–100 Sek.	101–230 Sek.	> 230 Sek.
4. Jgst. ca. 95 Wörter	< 55 Sek.	55–105 Sek.	106–180 Sek.	> 181 Sek.

Nein → Band 2 Lesefertigkeit alle Ebenen

S4 Beobachtungsbogen für Kinder mit Leseschwierigkeiten (4)

Name: .... Klasse: .... Datum: ....

Bereich		Beobachtungen	Auswertung	
orthografische Stufe	*k) Welches Wort passt in den Satz?* Anweisung: „Kreise das passende Wort ein!“ Das Kind isst einen Apfel. Wir gehen zum Spielplatz.	• erkennt Sinnzusammenhang	Ja ❒	Nein ❒
	l) Welches Wort passt nicht in den Satz? Anweisung: „Streiche das falsche Wort durch!“ Papa schwimmt im Pool./Mama kocht eine Suppe./Die Kinder spielen am Computer./ Der Hund schläft in der Hütte.	• erkennt Sinnzusammenhang	Ja ❒	Nein ❒
		Nein → Band 2 Sinnentnahme Wort-, Satzebene		

Analyse der Leseproben:

	Auswertung	
• bewältigt die Aufgaben im zeitlichen Rahmen, oder gibt Arbeit vorzeitig ab	Ja ❒	Nein ❒
• bearbeitet alle Aufgaben (lässt keine Aufgaben aus)	Ja ❒	Nein ❒
• liest Arbeitsauftrag genau	Ja ❒	Nein ❒
• gibt keine geratene Antworten	Ja ❒	Nein ❒
• erkennt den Sinn des Textes	Ja ❒	Nein ❒
• findet richtige Textstellen und gibt diese richtig wieder	Ja ❒	Nein ❒
• interpretiert richtig	Ja ❒	Nein ❒
Nein → Band 2 Sinnentnahme alle Ebenen		

Sonstiges:

Lesescreening 1

Name des Kindes: ....

Zeige, was du kannst!

a) Buchstabenband

A	S	H	U	D	X	N	F	M	O	G	P	L	I

K	V	B	T	R	E	W	Z

C	J	QU	Y	Ä	Ü	Ö	ß

b) Anlaut

 ______________

 ______________

____

c) Laute hören

d) Zuordnen von Wortanfängen zu Bildern

Ka	Ha	Ti

e) Silbenband

Na	Zi	Fla	Au
Pa	Na	Ka	Blu

Lesescreening 2

Name des Kindes: ....

f) Von der Silbe zum Wort

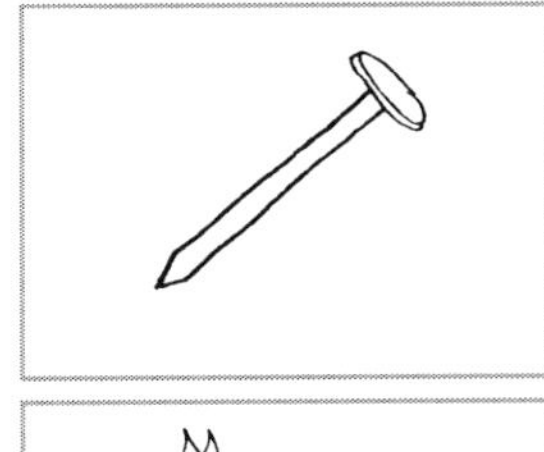	Na	sel
	E	fel
	Ta	gel

g) Passendes Wort einkreisen

Heft Mund Hand Hund

Birne Buch Baum Raum

h) Sinnvolle Wörter

Kind Kond Hose Huse Lamo Lama

i) Wortlisten

1. Zaun – Zäune/Traum – Träume
2. Eule – Keule
3. Spiel – Spaß – Strauch – Straße
4. Tomate – Ananas – Salami – Melone
5. Laden – Waden
6. Betten – Ecke – Nummer
7. Schrank – Schritte – Schlange
8. Biene – Ziege – Liege
9. Fehler – Höhe – Zehen
10. Schultasche – Federmäppchen – Blumenvase
11. kaluri – ekalos – belata – umala

Auf DIN A3 bzw. zweimal DIN A4 vergrößern.

Lesescreening 3

Name des Kindes: ....

j) Lies den Text!

k) Welches Wort passt in den Satz?

Das Kind	isst fliegt	einen Apfel.
Wir gehen	spielt zum in unter	Spielplatz.

l) Stolpersätze

Papa schwimmt im Pool Garten.

Mama kocht Herd eine Suppe.

Die Kinder Familie spielen am Computer.

Der Hund schläft bellen in der Hütte.

Lesescreening 4

Name des Kindes: ....

Lesetexte für Aufgabe j)

Mein Schulweg *2. Klasse*

Jeden Tag gehe ich in die Schule. Mein Schulweg ist nicht weit.
Meist treffe ich meine Freunde schon am Morgen.
Es gibt immer etwas zu erzählen.

In der Schule *3. Klasse*

Jeden Tag gehe ich in die Schule. Mein Schulweg ist nicht weit. Meist treffe ich meine Freunde schon am Morgen. Es gibt immer etwas zu erzählen. Meine Freunde Mia und Timo sind meist noch etwas müde. In der Garderobe hat jedes Kind einen festen Platz. Alle Jacken hängen am Haken und die Schuhe stehen ordentlich im Regal. Jetzt kann die erste Stunde beginnen.

Mein Schultag *4. Klasse*

Jeden Tag gehe ich in die Schule. Mein Schulweg ist nicht weit. Meist treffe ich meine Freunde schon am Morgen. Es gibt immer etwas zu erzählen. Meine Freunde Mia und Timo sind meist noch etwas müde. In der Garderobe hat jedes Kind einen festen Platz. Alle Jacken hängen am Haken und die Schuhe stehen ordentlich im Regal. Jetzt kann die erste Stunde beginnen. Frau Müller wartet schon im Klassenzimmer. Alle Kinder legen die Hausaufgaben bereit.
Am Montag dürfen wir zuerst vom Wochenende erzählen.
Alle haben viel erlebt.

Auf DIN A3 bzw. zweimal DIN A4 vergrößern.

S 6

Beobachtungsbogen für Kinder mit Rechtschreibschwierigkeiten

Name: ______________________ Klasse: ________ Datum: ________

Bearbeiten Sie mit den Schülern gemeinsam Kopiervorlage: Rechtschreibscreening (S 7, S. 21).

1. *Überprüfen Sie zuerst mit Aufgabe 1, ob das Kind alle Buchstaben richtig schreiben kann. Sie können die Wörter diktieren oder abschreiben lassen. Zum Beispiel: O wie Oma.*
2. *Diktieren Sie den Schülern die Wörter von Aufgabe 2. Das Wortmaterial orientiert sich an den im Fehlerprotokoll vermerkten orthografischen Regeln.*
3. *Diktieren Sie den Schülern den kurzen Text von Aufgabe 3. Alternativ können Sie auch ein bereits geschriebenes Diktat analysieren.*
4. *Anschließend erstellen Sie ein Fehlerprotokoll und legen die Förderschwerpunkte für die Schüler fest.*

Alphabetische Stufe:

Beobachtungen	Auswertung
• schreibt den Satz Wort für Wort (keine Wortauslassungen oder -hinzufügungen)	Ja ❒ Nein ❒
• schreibt alle Buchstaben (keine Buchstabenauslassung im Wort)	Ja ❒ Nein ❒
• schreibt die Buchstaben in der richtigen Reihenfolge (keine Buchstabendreher)	Ja ❒ Nein ❒
• kann ähnliche Laute unterscheiden (keine Verwechslung)	Ja ❒ Nein ❒
• schreibt lautgetreu	Ja ❒ Nein ❒
Nein → Band 1 Phonologische Bewusstheit *Visuelle Wahrnehmung* *Band 2 Lesefertigkeit Lautebene (Handzeichen)* *Band 3 Mitsprechwörter*	

Phonologische Besonderheiten:

Beobachtungen	Auswertung
• phonologische Regelhaftigkeiten: *eu, sp, st, qu, x, z, ng, ei* werden erkannt	Ja ❒ Nein ❒
Nein → Band 3 Mitsprechwörter	

Orthografische Besonderheiten:

Beobachtungen	Auswertung
• setzt Groß- und Kleinschreibung bei den Wortarten (Nomen, Verben, Adjektive) richtig um	Ja ❒ Nein ❒
• setzt Groß- und Kleinschreibung wird am Satzanfang richtig um	Ja ❒ Nein ❒
• leitet ä/äu richtig ab	Ja ❒ Nein ❒
• beachtet die Auslautverhärtung *(d/t, p/b, g/k)*	Ja ❒ Nein ❒
• kann ähnliche Laute *(b/p, d/t, g/k)* unterscheiden	Ja ❒ Nein ❒
• erkennt silbentrennendes *-h-*	Ja ❒ Nein ❒
• kann Laute unterscheiden (kurz–lang/hart–weich)	Ja ❒ Nein ❒
• setzt das lang gesprochene *i*- Laut *(ie)* richtig um	Ja ❒ Nein ❒
• setzt die Schärfung *(ss, ß, s)* richtig um	Ja ❒ Nein ❒
• erkennt Mitlautverdopplung	Ja ❒ Nein ❒
• erkennt *tz*	Ja ❒ Nein ❒
• erkennt *ck*	Ja ❒ Nein ❒
Nein → Band 3 Nachdenkwörter	

Orthografische Merkstellen:

Beobachtungen	Auswertung
• erkennt *Vv*	Ja ❒ Nein ❒
• erkennt Tiger-*i*	Ja ❒ Nein ❒
• erkennt *aa/ee/oo*	Ja ❒ Nein ❒
• erkennt Käfig-*ä*	Ja ❒ Nein ❒
• erkennt Dehnungs-*h*	Ja ❒ Nein ❒
Nein → Band 3 Merkwörter	
• macht keine Fehler beim Abschreiben (Heft)	Ja ❒ Nein ❒
Nein → Band 3 Abschreibtraining	

Rechtschreibscreening

Name des Kindes: ______________________

1. Überprüfung der Laut- Graphem-Zuordnung auf alphabetischer Stufe

(aus: Lese-Rechtschreib-Schwierigkeiten, Auer Verlag, S. 123)

Wörterliste:

1. **O**m**a**
2. **M**a**u**s
3. **A**m**ei**se
4. **I**gel
5. **L**ö**w**e
6. **U**h**r**
7. **E**s**e**l
8. **N**as**h**orn
9. **Ei**
10. **S**onne
11. **H**ase
12. **F**isch
13. **T**iger
14. **W**olke
15. **Au**to
16. **R**ad
17. **P**uppe
18. **Sch**af
19. **K**irsche
20. **D**inosaurier
21. **B**är
22. **G**ans
23. **Z**ebra
24. **J**anuar
25. **V**ogel
26. **St**ein
27. **Sp**iegel
28. **Eu**le
29. **Qu**alle
30. **C**lown
31. **Ä**pfel
32. **Pf**erd
33. **Ö**l
34. M**äu**se
35. Pon**y**
36. T**ü**te
37. Ta**x**i
38. B**ie**ne
39. Fi**ng**er
40. Dra**ch**e
41. Fu**ß**

Auswertungsprotokoll:

Name	O	M	A	I	L	U	E	N	EI	S	H	F	T	W	AU	R	P	SCH	K	D	B	G	Z	J	V	ST	SP	EU	QU	C	Ä	PF	Ö	ÄU	Y	Ü	X	IE	NG	CH	ß

2. Wortliste zum Diktieren

Eule – Qual
Spiel – Stift
Klecks – Hexe – Fuchs
Zeitung – Auto
schlafen

träumen – Zäune
Dose – Tante
Kugel – Gans
Ball – Pinsel
Weg – Bank
Strand – Arzt
gelb – lieb
gehen – Reh

Ziel – Wiege
Gras – Straße – Tasse
Kamm – Butter – Kanne
Katze – setzen
Ecke – Bäcker
Vogel – Verstand – Verkehr

Tiger – Vitamine
Fahrrad – Gefühl – Höhle

3. Beispieltext zum Diktieren

Ein schöner Tag

Heute scheint die Sonne am Himmel. Lina spielt im Sandkasten Kuchenbacken. Ihre Katze Trixi springt über den Zaun. Die großen Bäume spenden ihnen Schatten und die Vögel singen. Später geht Lina noch mit Mama an den See. Wenn das Wasser warm ist, fahren sie mit dem Boot hinaus und beobachten den Biber. Oder sie bauen am Strand eine Sandburg. Lina hat die Qual der Wahl. Hoffentlich ziehen keine Wolken auf.

S8 Förderplan

Name: ______________ Klasse: ______ Datum: ______

Förderziele:

- Persönlichkeitsbereich: ______________

- Lern- und Arbeitsverhalten: ______________

- Bereich Lesen: ______________

- Bereich Rechtschreiben: ______________

Schwerpunkte	Methode/Medien/Übungen	Beobachtung

______________ ______________ ______________

Klassenleitung Schüler Eltern

Spitz die Ohren!

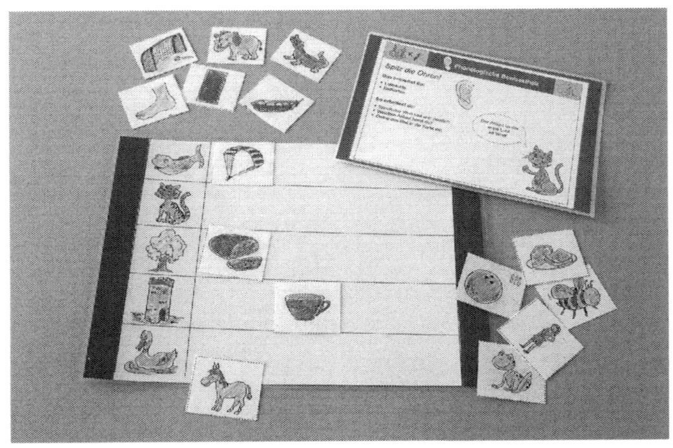

Förderbereich
- Anlaut isolieren

Material
- Karteikarte K 1 (S. 32)
- Lottokarte (KV 2, S. 42 oben)
- Bildkarten (KV 2, S. 42 unten)

Einsatz und Handhabung
- Einzelarbeit
- Wörter deutlich vorsprechen
- Zum entsprechenden Feld auf der Lottokarte zuordnen

Variation/Kontrolle
- Partnerarbeit

Tipp
- Spiel kann durch weitere oder eigene Bildkarten ergänzt werden (z. B. KV 4, S. 44; KV 6, S. 46, KV 8, S. 48)
- Karteikarte auf farbigen leichten Karton (Gruppe: Phonologische Bewusstheit) kopieren und laminieren

Lösung
Fisch: Fallschirm, Frosch, Fuß
Katze: Krokodil, Kind, Kugel, Käse
Baum: Brot, Biene
Turm: Tür, Tor, Tasse
Ente: Esel, Elefant, Erbsen

Lautkroko

Förderbereich
- Laute analysieren

Material
- Karteikarte K 2 (S. 32)
- Lautkrokodil (KV 3, S. 43 unten)
- Bilderkarte (KV 3, S. 43 oben), Lautfolgen (S. 43 Mitte) als Lösung auf Rückseite kleben
- Spielchip

Einsatz und Handhabung
- Einzelarbeit
- Wörter vorsprechen
- Spielchip an der entsprechenden Stelle anordnen

Variation/Kontrolle
- Partnerarbeit
- Rückseite zur Kontrolle

Tipp
- Spiel kann beliebig ergänzt werden
- Karteikarte auf farbigen leichten Karton (Gruppe: Phonologische Bewusstheit) kopieren und laminieren

Lösung
s. KV 3, S. 43 Mitte (so angeordnet, dass Lösung beim Bekleben der Rückseite direkt unter Aufgabe liegt)

Anlaut-Lotto

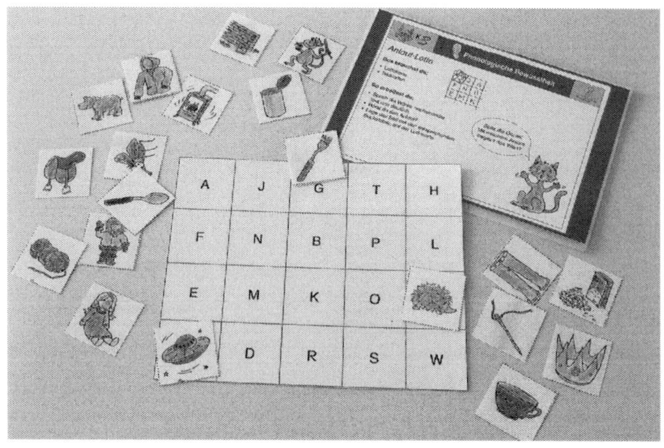

Förderbereich
- Anlaut analysieren
- Laut-Graphem-Zuordnung schulen

Material
- Karteikarte 3 (S. 33)
- Lottokarte (KV 4, S. 44 oben)
- Bildkarten (KV 4, S. 44 unten)

Einsatz und Handhabung
- Einzelarbeit
- Wörter laut und deutlich sprechen
- Bild mit Anlaut entsprechendem Buchstaben zuordnen

Variation/Kontrolle:
- Partner- oder Gruppenspiel
- Spielleiter kann Wörter vorsprechen
- Spielteilnehmer suchen entsprechendes Wort und ordnen es dem jeweiligen Buchstaben zu

Tipp
- Vorlagen auf DIN A3 kopieren, damit die Karten leichter zu handhaben sind
- Karteikarte auf farbigen leichten Karton (Gruppe: Phonologische Bewusstheit) kopieren und laminieren

Lösung
s. Anordnung der Bildkarten auf KV 4, S. 44 unten

Domino: Streng geheim!

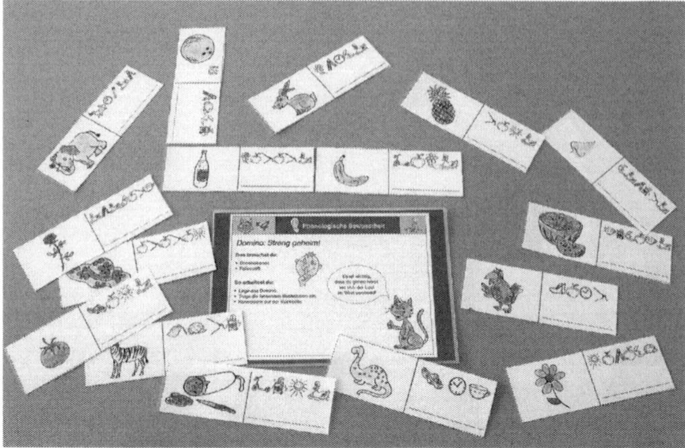

Förderbereich
- Laute isolieren
- Laute verschriften

Material
- Karteikarte K 4 (S. 33)
- Dominokarten (KV 5, S. 45)

Einsatz und Handhabung
- Einzelarbeit
- Domino nach bekannten Regeln legen
- Wörter lautgetreu eintragen

Variation/Kontrolle
- Auf der Rückseite der Karten Wort zur Kontrolle eintragen

Tipp
- Bildsymbole der jeweils verwendeten Lesefibel anpassen
- Karteikarte auf farbigen leichten Karton (Gruppe: Phonologische Bewusstheit) kopieren und laminieren

Lösung
Dino: Hut, Ananas, Nase, Melone, Tomate, Hase, Blume, Salami, Rose, Elefant, Kugel, Limo, Banane, Rabe, Zebra, Dino

Reimwörter-Memory®

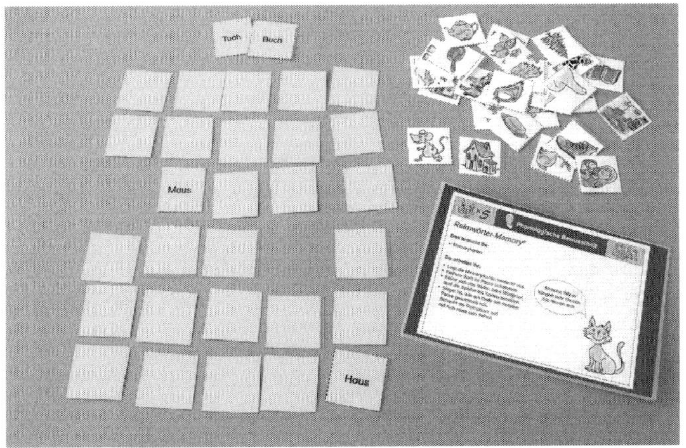

Förderbereich
- sprachliche Fertigkeiten fördern
- Wortschatz erweitern

Material
- Karteikarte K 5 (S. 34)
- Memorykarten (KV 6, S. 46 oben), auf DIN A4 hochkopiert

Einsatz und Handhabung
- Gruppenarbeit
- Kärtchen verdeckt auslegen
- Reihum jeweils ein Paar aufdecken
- Reimpaare dürfen behalten werden
- Gewonnen hat das Kind mit den meisten Reimpaaren

Variation/Kontrolle
- Partnerspiel
- Differenzierung: Bildkarten oder Wortkarten (KV 6, S. 46 unten) je nach Leistungsniveau der Schüler einsetzen

Tipp
- Jeweils eine Bildkarte und eine Wortkarte können ein Paar ergeben
- Karteikarte auf farbigen leichten Karton (Gruppe: Phonologische Bewusstheit) kopieren und laminieren

Lösung
s. Anordnung der Memorykarten auf KV 6, S. 46

Reimwörter-Würfelspiel

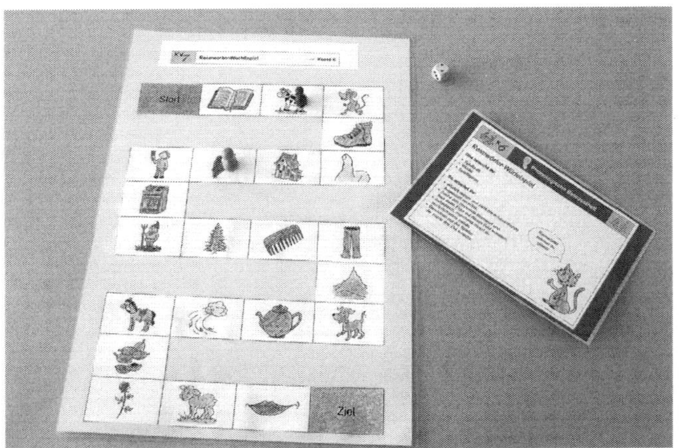

Förderbereich
- sprachliche Fertigkeiten fördern
- Wortschatz erweitern

Material
- Karteikarte K 6 (S. 34)
- Spielbrett (KV 7, S. 47)
- Würfel und Spielfiguren

Einsatz und Handhabung
- Partnerarbeit
- Abwechselnd würfeln
- Augenzahl vorwärts ziehen und zum entsprechenden Reimwort vor- bzw. zurückrücken
- Sieger ist, wer zuerst das Ziel erreicht

Variation/Kontrolle
- Gruppenspiel

Tipp
- Spielbrett auf DIN-A3-Format kopieren
- Karteikarte auf farbigen leichten Karton (Gruppe: Phonologische Bewusstheit) kopieren und laminieren

Lösung
Buch/Tuch, Kuh/Schuh, Maus/Haus, Daumen/Pflaumen, Kind/Wind, Herd/Pferd, Zwerg/Berg, Tanne/Kanne, Kamm/Lamm, Hose/Rose, Hund/Mund

Wörterkette bis zum Mond

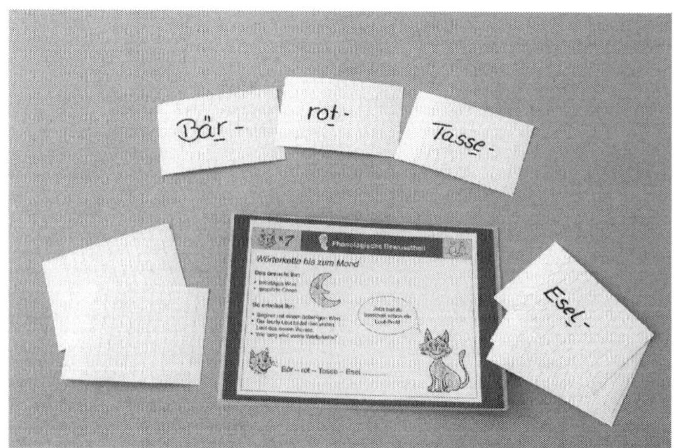

Förderbereich
- Phonologische Informationen verarbeiten
- Laute analysieren

Material
- Karteikarte K 7 (S. 35)

Einsatz und Handhabung
- Partnerarbeit
- Beliebiges Wort auswählen
- Letzten Laut als ersten Laut des nächsten Wortes verwenden

Variation/Kontrolle
- Gruppenarbeit

Tipp
- Wörter auf Karteikarten aufschreiben (vgl. Foto)
- Karteikarte auf farbigen leichten Karton (Gruppe: Phonologische Bewusstheit) kopieren und laminieren

Silben-Schnipp-Schnapp

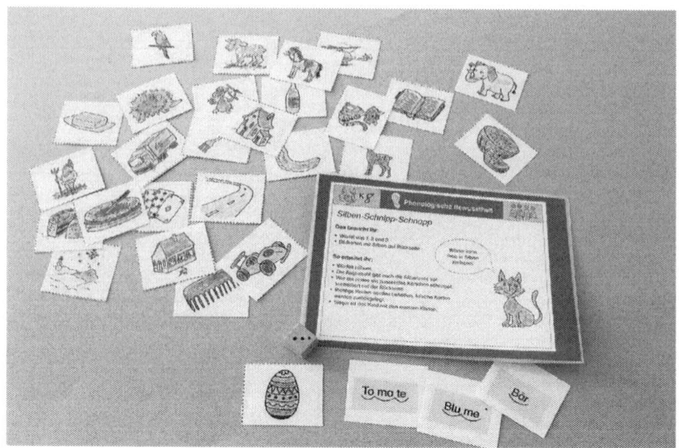

Förderbereich
- Wörter in Silben zerlegen

Material
- Karteikarte K 8 (S. 35)
- Würfel mit den Augenzahlen 1, 2 und 3
- Bildkärtchen (KV 8, S. 48 oben), Silbenkarten auf Rückseite kleben

Einsatz und Handhabung
- Gruppenarbeit
- Reihum würfeln
- Bildkarte, dessen Motiv der Würfelzahl entsprechende Silbenanzahl hat, suchen
- Wer als erstes ein passendes Silbenkärtchen schnappt, darf es behalten
- Sieger ist das Kind mit den meisten Karten

Variation/Kontrolle
- Partnerspiel
- Kontrolle auf der Rückseite

Tipp
- Spielleiter bestimmen, der würfelt
- Karteikarte auf farbigen leichten Karton (Gruppe: Phonologische Bewusstheit) kopieren und laminieren

Lösung
s. KV 8, S. 48 (so angeordnet, dass Lösung beim Bekleben der Rückseite direkt unter Bild liegt)

Silbenwurm

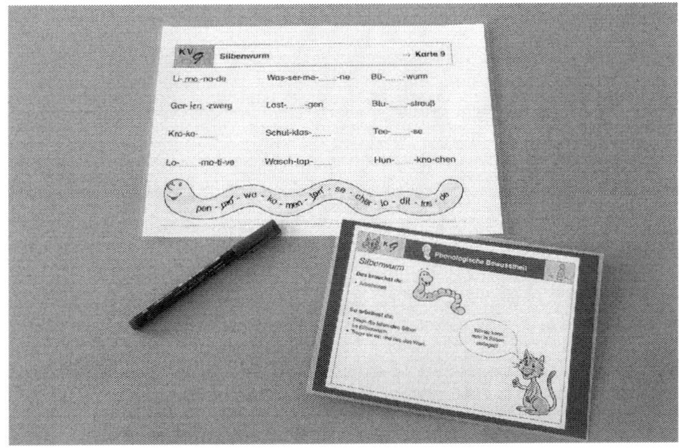

Förderbereich
- Wörter in Silben zerlegen
- Wörter aus Silben synthetisieren

Material
- Karteikarte K 9 (S. 36)
- Arbeitsblatt (KV 9, S. 49 oben)
- Stift

Einsatz und Handhabung
- Einzelarbeit
- Passende Silben aus dem Silbenwurm in die Lücken eintragen

Variation/Kontrolle
- Wörter erlesen

Tipp
- Partnerarbeit möglich
- KV 9 laminieren und mit Zauberstift arbeiten
- Karteikarte auf farbigen leichten Karton (Gruppe: Phonologische Bewusstheit) kopieren und laminieren

Lösung
Limonade, Wassermelone, Bücherwurm, Gartenzwerg, Lastwagen, Blumenstrauß, Krokodil, Schulklasse, Teetasse, Lokomotive, Waschlappen, Hundeknochen

Tierisches Durcheinander

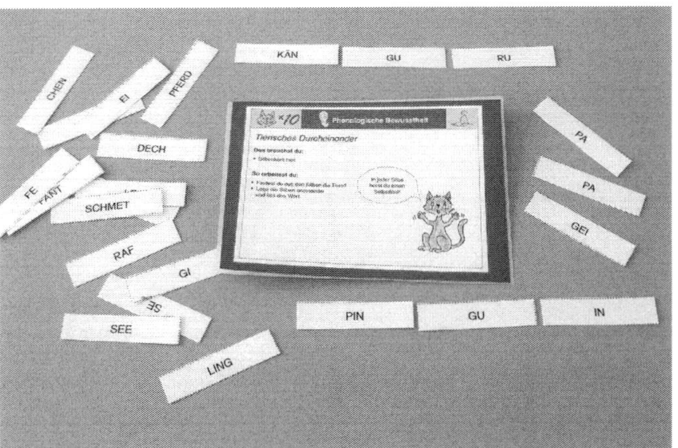

Förderbereich
- Wörter in Silben zerlegen
- Wörter aus Silben synthetisieren

Material
- Karteikarte K 10 (S. 36)
- Silbenkärtchen (KV 10, S. 49 unten)

Einsatz und Handhabung
- Einzelarbeit
- Silben zu Tiernamen zusammensetzen

Variation/Kontrolle
- Wörter erlesen

Tipp
- Durch eigene Tiere ergänzbar
- Karteikarte auf farbigen leichten Karton (Gruppe: Phonologische Bewusstheit) kopieren und laminieren

Lösung
Känguru, Pinguin, Schmetterling, Elefant, Papagei, Eidechse, Seepferdchen, Giraffe

Silben 1-2-3

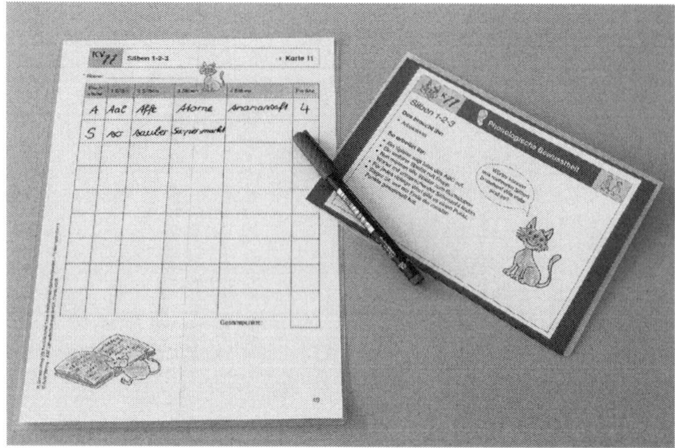

Förderbereich

- Wörter in Silben zerlegen
- Wörter aus Silben synthetisieren

Material

- Karteikarte K 11 (S. 37)
- Arbeitsblatt (KV 11, S. 50)

Einsatz und Handhabung

- Partnerarbeit
- Ein Kind sagt leise das ABC auf
- Das andere Kind sagt: „Stopp"
- Zum entsprechenden Buchstaben müssen Wörter mit der angegebenen Silbenzahl gefunden werden

Variation/Kontrolle

- Gruppenspiel

Tipp

- Karteikarte auf farbigen leichten Karton (Gruppe: Phonologische Bewusstheit) kopieren und laminieren

Silbenrätsel

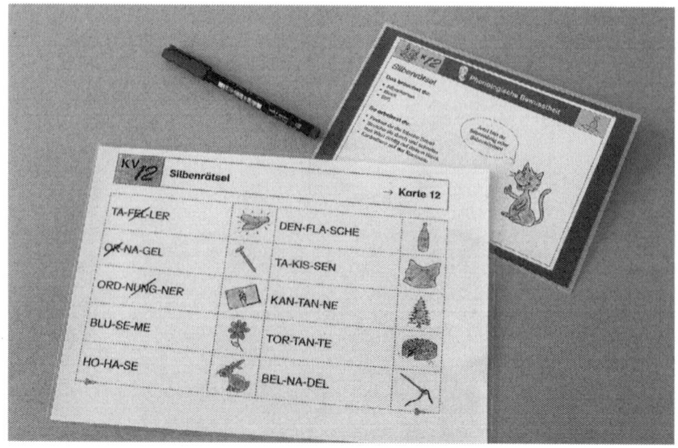

Förderbereich

- Wörter in Silben zerlegen
- Wörter aus Silben synthetisieren

Material

- Karteikarte K 12 (S. 37)
- Silbenkarten (KV 12, S. 51 oben)

Einsatz und Handhabung

- Einzelarbeit
- Zur Abbildung falsche Silben finden und durchstreichen
- Wort aufschreiben

Variation/Kontrolle

- Partnerarbeit
- Kontrolle auf der Rückseite ergänzen

Tipp

- Karteikarte auf farbigen leichten Karton (Gruppe: Phonologische Bewusstheit) kopieren und laminieren

Lösung

Taler, Nagel, Ordner, Blume, Hase, Flasche, Kissen, Tanne, Torte, Nadel

Was passt in die Reihe?

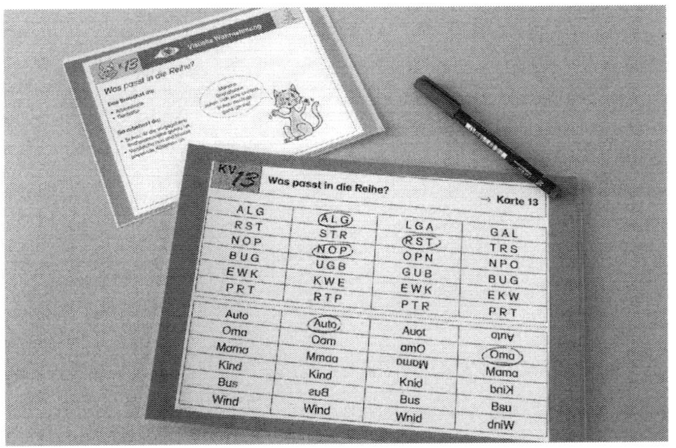

Förderbereich
- gleiche Buchstaben visuell erfassen

Material
- Karteikarte K 13 (S. 38)
- Arbeitskarte (KV 13, S. 51 unten), laminiert
- Folienstift

Einsatz und Handhabung
- Einzelarbeit
- Gleiche Buchstabenreihungen markieren

Variation/Kontrolle
- Partnerarbeit möglich

Tipp
- Karteikarte auf farbigen leichten Karton (Gruppe: Visuelle Wahrnehmung) kopieren und laminieren

Lösung

ALG	ALG	LGA	GAL
RST	STR	RST	TRS
NOP	NOP	OPN	NPO
BUG	UGB	GUB	BUG
EWK	KWE	EWK	EKW
PRT	RTP	PTR	PRT

Auto	Auto	Auot	oʇn∀
Oma	Oam	Oma	Oma
Mama	Mmaa	ɐɯɐW	Mama
Kind	Kind	Knid	bniꓘ
Bus	ƨuB	Bus	Bsu
Wind	Wind	Wnid	dniW

Gespensterpaare

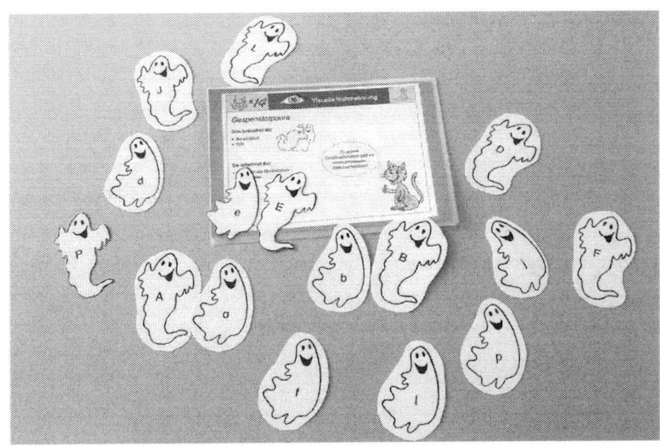

Förderbereich
- Groß- und Kleinbuchstaben visuell erfassen

Material
- Karteikarte K 14 (S. 38)
- Arbeitsblatt (KV 14, S. 52)

Einsatz und Handhabung
- Einzelarbeit
- Buchstabenpaare verbinden

Variation/Kontrolle
- Partnerarbeit

Tipp
- Gespensterpuzzleteile laminieren und ausschneiden zum Aneinanderlegen
- Karteikarte auf farbigen leichten Karton (Gruppe: Visuelle Wahrnehmung) kopieren und laminieren

Lösung
E/e, B/b, A/a, D/d, L/l, I/i, P/p, F/f

Selbstlaut-Detektiv

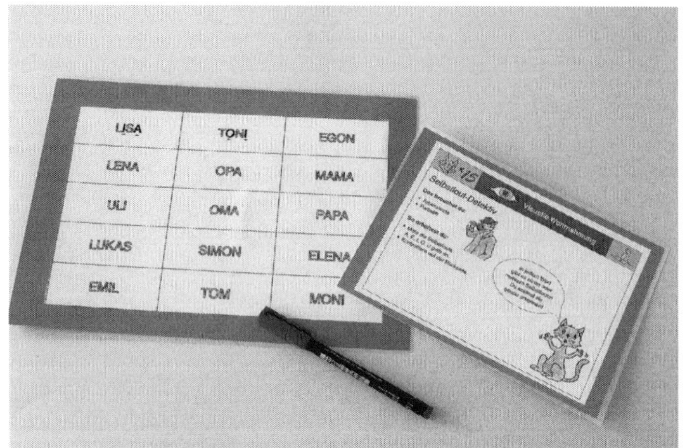

Förderbereich
- Wörter akustisch durchgliedern
- Selbstlaute sicher unterscheiden

Material
- Karteikarte K 15 (S. 39)
- Arbeitskarte (KV 15, S. 53 oben), Lösung (S. 53 unten) auf die Rückseite kleben
- Farbstift

Einsatz und Handhabung
- Einzelarbeit
- Selbstlaute markieren

Variation/Kontrolle
- Kontrolle auf der Rückseite

Tipp
- KV 15 laminieren und mit Folienstift bearbeiten
- Karteikarte auf farbigen leichten Karton (Gruppe: Visuelle Wahrnehmung) kopieren und laminieren

Lösung
s. KV 15, S. 53 unten (so angeordnet, dass Lösung beim Bekleben der Rückseite direkt unter Aufgabe liegt)

Buchstabenschlangen

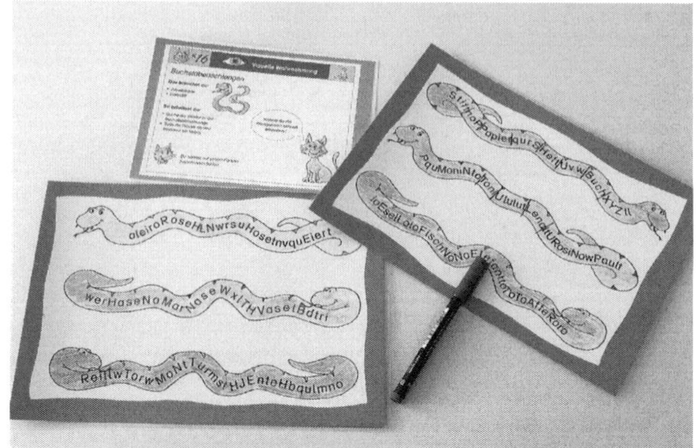

Förderbereich
- Wörter ganzheitlich erfassen
- Wortgrenzen erkennen

Material
- Karteikarte K 16 (S. 39)
- Arbeitsblatt (KV 16, S. 54)
- Farbstift

Einsatz und Handhabung
- Einzelarbeit
- Wörter in den Wörterschlangen abteilen und farbig markieren

Variation/Kontrolle
- KV 16 vergrößern, laminieren, zerschneiden und mit Folienstift bearbeiten

Tipp
- Selbstkontrolle auf der Rückseite einfügen
- Karteikarte auf farbigen leichten Karton (Gruppe: Visuelle Wahrnehmung) kopieren und laminieren

Lösung
Rose, Hose, Eier/Hase, Nase, Vase/Tor, Turm, Ente/Stift, Papier, Heft, Buch/Moni, Toni, Lena, Rosi, Paul/Esel, Fisch, Elefant, Affe

Adlerauge

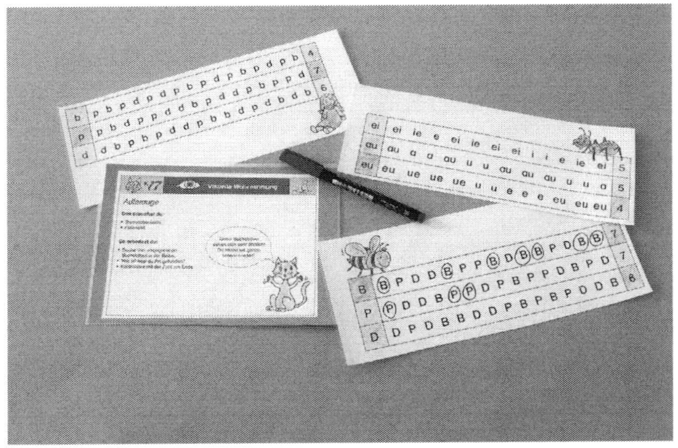

Förderbereich
- Buchstaben visuell erfassen
- ähnliche Buchstaben unterscheiden

Material
- Karteikarte K 17 (S. 40)
- Buchstabenkarten (KV 17, S. 55)
- Stift

Einsatz und Handhabung
- Einzelarbeit
- Vorgegebenen Buchstaben in der Reihe erkennen und markieren

Variation/ Kontrolle
- Kontrolle durch Zahl am Ende

Tipp
- KV 17 laminieren und mit Folienstift bearbeiten
- Karteikarte auf farbigen leichten Karton (Gruppe: Visuelle Wahrnehmung) kopieren und laminieren

Signalgruppen finden

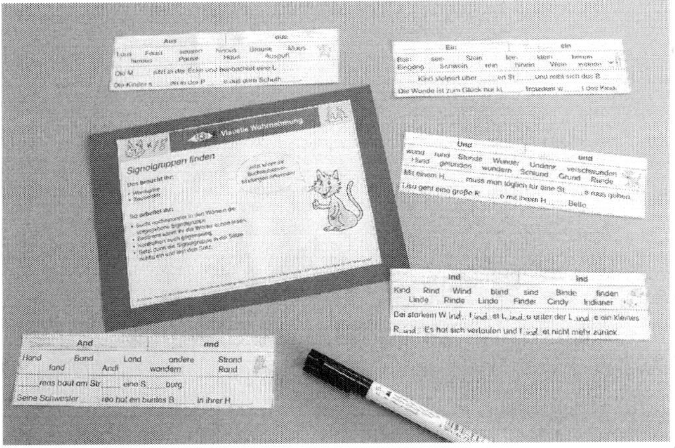

Förderbereich
- Buchstabenverbindungen visuell erfassen

Material
- Karteikarte K 18 (S. 40)
- Wortkarten (KV 18, S. 56), laminiert
- Zauberstift

Einsatz und Handhabung
- Partnerarbeit
- Vorgegebene Buchstabenverbindung in Wörtern erkennen und markieren
- Signalgruppe in Wörter einsetzen und Sätze lesen

Variation/ Kontrolle
- Kontrolle durch Partner

Tipp
- Karteikarte auf farbigen leichten Karton (Gruppe: Visuelle Wahrnehmung) kopieren und laminieren

Lösung
Andreas baut am Strand eine Sandburg. Seine Schwester Andrea hat ein buntes Band in ihrer Hand.
Die Maus sitzt in der Ecke und beobachtet die Laus.
Die Kinder sausen in der Pause aus dem Schulhaus.
Ein Kind stolpert über einen Stein und reibt sich das Bein. Die Wunde ist zum Glück nur klein. Trotzdem weint das Kind.
Bei starkem Wind findet Linda unter der Linde ein kleines Rind. Es hat sich verlaufen und findet nicht mehr zurück.
Mit einem Hund muss man täglich für eine Stunde raus gehen. Lisa geht eine große Runde mit ihrem Hund Bello.

K 1

Phonologische Bewusstheit

Spitz die Ohren!

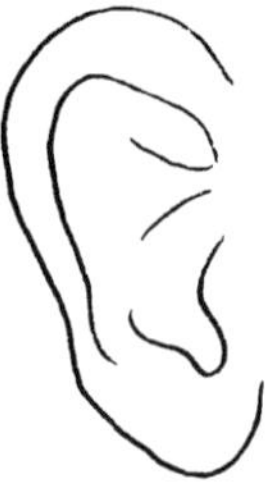

Das brauchst du:

- Lottokarte
- Bildkarten

So arbeitest du:

- Sprich das Wort laut und deutlich.
- Welchen Anlaut hörst du?
- Ordne das Bild in die Karte ein.

Der Anlaut ist der erste Laut im Wort!

K 2

Phonologische Bewusstheit

Lautkroko

Das brauchst du:

- Lautkrokodil
- Bilderkarte
- Spielchip

So arbeitest du:

- Sprich die Wörter laut und deutlich.
- Wo hörst du den Laut?
- Lege den Spielchip auf das Lautkroko.
- Kontrolliere auf der Rückseite.

Es ist wichtig, dass du genau hörst, wo sich der Laut im Wort versteckt!

 K3 

Phonologische Bewusstheit

Anlaut-Lotto

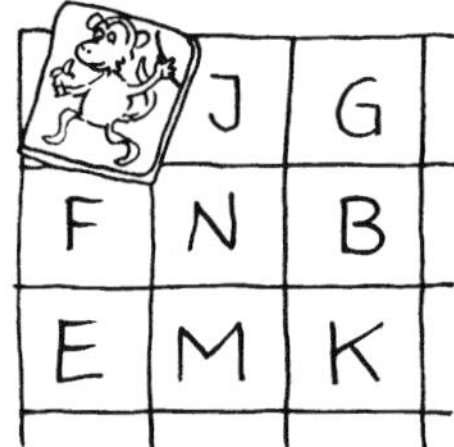

Das brauchst du:

- Lottokarte
- Bildkarten

So arbeitest du:

- Ziehe eine Bildkarte.
- Sprich die Wörter nacheinander laut und deutlich.
- Hörst du den Anlaut?
- Lege das Bild auf den entsprechenden Buchstaben auf der Lottokarte.

Spitz die Ohren!
Mit welchem Anlaut
beginnt das Wort?

 K4 

Phonologische Bewusstheit

Domino: Streng geheim!

Das brauchst du:

- Dominokarten
- Folienstift

So arbeitest du:

- Lies mit den Anlautbildern das Wort.
- Suche das passende Bild.
- Lege das Domino.
- Trage die fehlenden Buchstaben ein.
- Kontrolliere auf der Rückseite.

Es ist wichtig,
dass du genau hörst,
wo sich der Laut
im Wort versteckt!

 K5  Phonologische Bewusstheit 

Reimwörter-Memory®

Das braucht ihr:

- Memorykarten

So arbeitet ihr:

- Legt die Memorykarten verdeckt aus.
- Reihum dürft ihr Paare aufdecken.
- Reimt sich das Bilder- oder Wortpaar, darf der Spieler die Karten behalten.
- Sieger ist, wer am Ende am meisten Paare gesammelt hat.
  Schreibt die Reimpaare so auf: *Auf Kuh reimt sich Schuh.*

 K6  Phonologische Bewusstheit 

Reimwörter-Würfelspiel

Das braucht ihr:

- Spielbrett
- Würfel
- Spielfiguren

So arbeitet ihr:

- Würfelt reihum und zieht die entsprechende Augenzahl vorwärts.
- Sucht das passende Reimwort und lasst die Figur auf dieses Feld wandern.
- Aufgepasst, manchmal muss man auch rückwärts ziehen.
- Gewonnen hat der Spieler, der zuerst das Ziel erreicht.

Phonologische Bewusstheit

Wörterkette bis zum Mond

Das braucht ihr:

- beliebiges Wort
- gespitzte Ohren

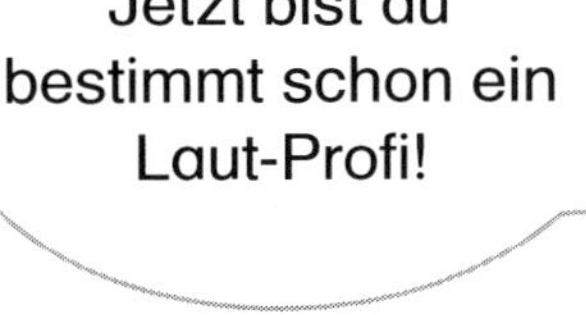

So arbeitet ihr:

- Beginnt mit einem beliebigen Wort.
- Der letzte Laut bildet den ersten Laut des neuen Wortes.
- Beispiel: *Bär – rot – Tasse – Esel* ....
- Wie lang wird eure Wörterkette?

Tipp: Ihr könnt die Wörter auch auf Karteikarten aufschreiben!

Phonologische Bewusstheit

Silben-Schnipp-Schnapp

Das braucht ihr:

- Würfel von 1, 2 und 3
- Bildkarten

So arbeitet ihr:

- Legt die Bildkarten offen vor euch aus.
- Würfelt reihum.
- Die Augenzahl gibt euch die Silbenzahl vor.
- Wer als erstes ein passendes Kärtchen schnappt, kontrolliert auf der Rückseite.
- Richtige Karten werden behalten, falsche Karten werden zurückgelegt.
- Sieger ist das Kind mit den meisten Karten.

 K 

Phonologische Bewusstheit

Silbenwurm

Das brauchst du:

- Arbeitsblatt

So arbeitest du:

- Finde die fehlenden Silben im Silbenwurm.
- Trage sie ein und lies das Wort.

 K 

Phonologische Bewusstheit

Tierisches Durcheinander

Das brauchst du:

- Silbenkärtchen

So arbeitest du:

- Findest du aus den Silben die Tiere?
- Lege die Silben aneinander und lies das Wort.

K 11

Phonologische Bewusstheit

Silben 1-2-3

Das braucht ihr:

- Arbeitsblatt

So arbeitet ihr:

- Ein Spieler sagt leise das Abc auf.
- Ein weiterer Spieler ruft „Stopp!“
- Nun müssen alle Spieler zu diesem Buchstaben Wörter mit entsprechender Silbenzahl finden.
- Für jedes richtige Wort gibt es einen Punkt.
- Sieger ist, wer am Ende die meisten Punkte gesammelt hat.

Wörter können aus mehreren Silben bestehen! Wie viele sind es?

K 12

Phonologische Bewusstheit

Silbenrätsel

Das brauchst du:

- Silbenkarten
- Block
- Stift

So arbeitest du:

- Findest du die falsche Silbe?
- Streiche sie durch und schreibe das Wort richtig auf deinen Block.
- Kontrolliere auf der Rückseite.

Jetzt bist du Silbenkönig oder Silbenkönigin!

K 13

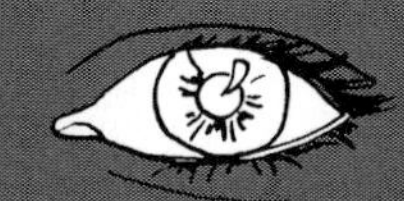

Visuelle Wahrnehmung

Was passt in die Reihe?

Das brauchst du:

- Arbeitskarte
- Folienstift

So arbeitest du:

- Schau dir die vorgegebenen Buchstaben zeilenweise genau an.
- Vergleiche nun: Welche Buchstabenreihen sind gleich?
- Kreuze die passenden Kästchen an.

Manche Buchstaben sehen sich sehr ähnlich. Schau deshalb ganz genau!

K 14

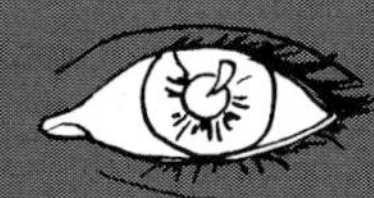

Visuelle Wahrnehmung

Gespensterpaare

Das brauchst du:

- Arbeitsblatt
- Stift

So arbeitest du:

- Verbinde die Buchstaben-geschwister.

Zu jedem Großbuchstaben gibt es einen passenden Kleinbuchstaben!

K15

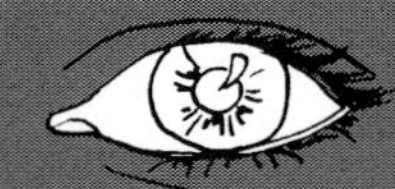

Visuelle Wahrnehmung

Selbstlaut-Detektiv

Das brauchst du:

- Arbeitskarte
- Stift

So arbeitest du:

- Markiere die Selbstlaute A, E, I, O, U.
- Kontrolliere auf der Rückseite.

K16

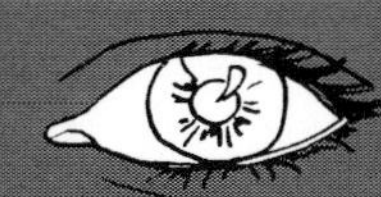

Visuelle Wahrnehmung

Buchstabenschlangen

Das brauchst du:

- Arbeitsblatt
- Stift

So arbeitest du:

- Suche die Wörter in der Buchstabenschlange.
- Teile die Wörter ab und markiere sie farbig.

Tipp: Du kannst mit einem Partner zusammenarbeiten.

B. Ganser (Hg.)/S. Kroll-Gabriel: Lese-Rechtschreib-Schwierigkeiten – Fördermaterialien 1 © Auer Verlag

K 17

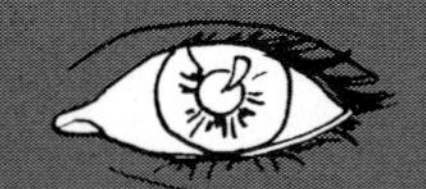

Visuelle Wahrnehmung

Adlerauge

Das brauchst du:

- Buchstabenkarte
- Stift

So arbeitest du:

- Suche den vorgegebenen Buchstaben in der Reihe.
- Wie oft hast du ihn gefunden?
- Kontrolliere mit der Zahl am Ende.

Diese Buchstaben sehen sich sehr ähnlich! Du musst sie genau unterscheiden!

K 18

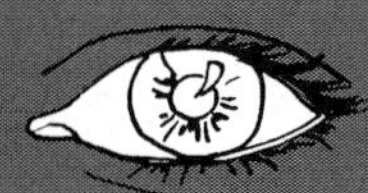

Visuelle Wahrnehmung

Signalgruppen finden

Das braucht ihr:

- Wortkarten
- Zauberstift

So arbeitet ihr:

- Sucht nacheinander in den Wörtern die vorgegebene Signalgruppe.
- Bestimmt könnt ihr die Wörter schon lesen.
- Kontrolliert euch gegenseitig.
- Setzt dann die Signalgruppe in die Sätze richtig ein und lest den Satz.

Jetzt könnt ihr Buchstabenverbindungen erkennen!

KV 1 Reflexionsbogen

Bist du fit?					
K 1	*Spitz die Ohren!*	Ich weiß, was ein Anlaut im Wort ist.			
K 2	*Lautkroko*	Ich weiß, wo sich bestimmte Laute im Wort verstecken.			
K 3	*Anlaut-Lotto*	Ich höre den Anlaut im Wort genau.			
K 4	*Domino: Streng geheim!*	Ich höre einzelne Laute auch im Wort ganz genau.			
K 5	*Reimwörter-Memory®*	Ich weiß, was Reimwörter sind.			
K 6	*Reimwörter-Würfelspiel*	Ich finde passende Reimwörter.			
K 7	*Wörterkette bis zum Mond*	Ich kann mit Lauten sicher umgehen.			
K 8	*Silben-Schnipp-Schnapp*	Ich weiß, dass Wörter aus Silben bestehen.			
K 9	*Silbenwurm*	Ich kann aus Silben Wörter bauen.			
K 10	*Tierisches Durcheinander*	Ich finde passende Silben, die ein Wort ergeben.			
K 11	*Silben 1-2-3*	Ich kann Wörter in Silben zerlegen.			
K 12	*Silben-Rätsel*	Ich bin ein Silbenprofi!			
K 13	*Was passt in die Reihe?*	Ich erkenne gleiche Buchstaben schnell.			
K 14	*Gespensterpaare*	Ich finde jeweils den passenden Großbuchstaben zum Kleinbuchstaben.			
K 15	*Selbstlaut-Detektiv*	Ich kenne die Selbstlaute.			
K 16	*Buchstaben-schlangen*	Ich erkenne die Wortgrenzen.			
K 17	*Adlerauge*	Ich kann ähnliche Buchstaben unterscheiden.			
K 18	*Signalgruppen finden*	Ich kann vorgegebene Buchstabenverbindungen in Wörtern erkennen und damit Wörter schneller lesen.			

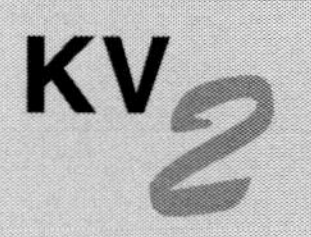

Spitz die Ohren

→ Karte 1

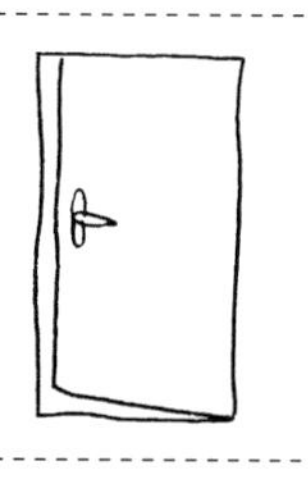

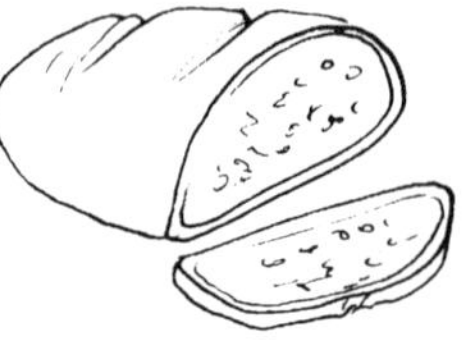

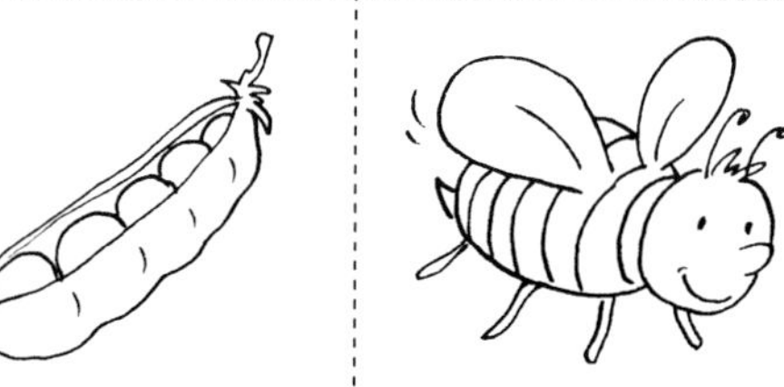

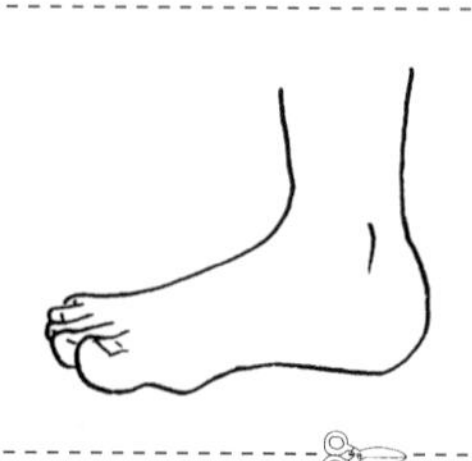

KV 3 Lautkroko

→ Karte 2

OOX	XOO	OXO	OXO	OXO
OXO	OXO	OOX	OXO	OXO
OOX	OXO	XOO	OOX	XOO

KV 4

Anlaut-Lotto

→ Karte 3

A	J	G	T	H
F	N	B	P	L
E	M	K	O	I
U	D	R	S	W

Domino: Streng geheim!

→ Karte 4

LIMO

KV 6

Reimwörter-Memory®

→ Karte 5

Kuh	Schuh	Buch	Tuch	Kanne	Tanne
Pferd	Herd	Lamm	Kamm	Reh	Schnee
Haus	Maus	Hase	Nase	Hose	Rose
Mutter	Butter	Keller	Teller	Kind	Wind
Katze	Tatze	Daumen	Pflaumen	Wanne	Pfanne

Auf DIN A3 hochkopieren und eine Variante einsetzen.

KV 7

Reimwörter-Würfelspiel

→ Karte 6

Start			

		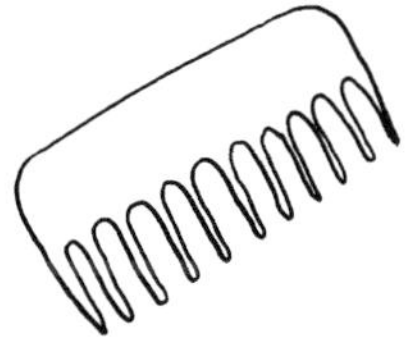	
			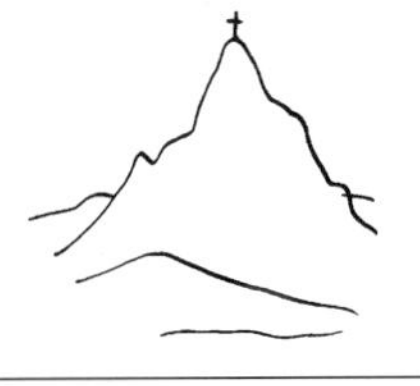

		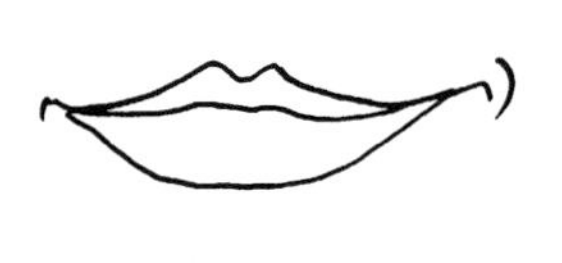	Ziel

Silben-Schnipp-Schnapp

→ Karte 8

Ga bel	Bär	Kamm	Kat ze	Stra ße	Me lo ne
Pa pa gei	Blu me	Buch	Reh	Gar ten zwerg	Lamm
Tor te	Ba na ne	Haus	Tel ler	Os ter ei	But ter
Hub schrau ber	I gel	Pferd	Schnee	Last wa gen	Schu le
To ma te	Af fe	E le fant	Fla sche Limo	Renn au to	Spiel kar ten

Auf DIN A3 hochkopieren, als Vorder- und Rückseite zusammenkleben und ausschneiden.

Silbenwurm

→ Karte 9

Li-______-na-de	Was-ser-me-______-ne	Bü-______-wurm
Gar-______-zwerg	Last-______-gen	Blu-______-strauß
Kro-ko-______	Schul-klas-______	Tee-______-se
Lo-______-mo-ti-ve	Wasch-lap-______	Hun-______-kno-chen

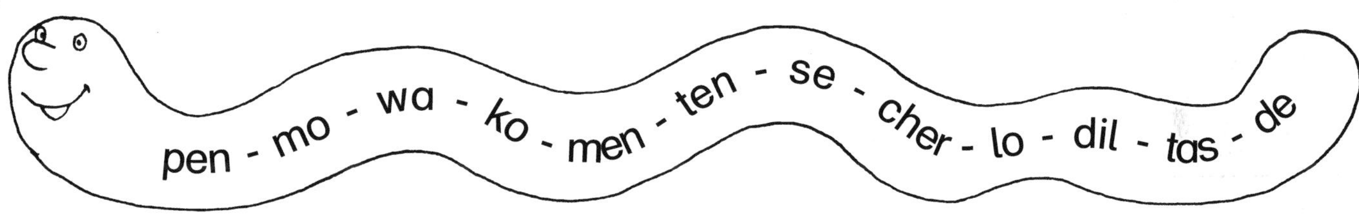

KV 10 Tierisches Durcheinander

→ Karte 10

KÄN	GU	RU
PIN	GU	IN
SCHMET	TER	LING
E	LE	FANT
PA	PA	GEI
EI	DECH	SE
SEE	PFERD	CHEN
GI	RAF	FE

Silben 1-2-3

→ Karte 11

Name: ______________________

Buchstabe	1 Silbe	2 Silben	3 Silben	4 Silben	Punkte

Gesamtpunkte: ______

KV 12 Silbenrätsel → Karte 12

TA-FEL-LER  	DEN-FLA-SCHE 
OR-NA-GEL 	TA-KIS-SEN 
ORD-NUNG-NER 	KAN-TAN-NE 
BLU-SE-ME 	TOR-TAN-TE 
HO-HA-SE 	BEL-NA-DEL 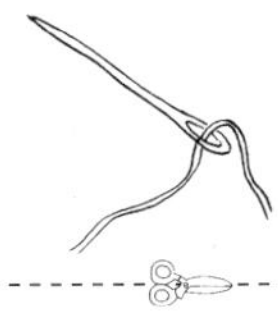

KV 13 Was passt in die Reihe? → Karte 13

A L G	A L G	L G A	G A L
R S T	S T R	R S T	T R S
N O P	N O P	O P N	N P O
B U G	U G B	G U B	B U G
E W K	K W E	E W K	E K W
P R T	R T P	P T R	P R T

Auto	Auto	Auot	otuA
Oma	Oam	amO	Oma
Mama	Mmaa	amaM	Mama
Kind	Kind	Knid	dniK
Bus	suB	Bus	Bsu
Wind	Wind	Wnid	dniW

KV 13 auf DIN A4 hochkopieren und eine Variante einsetzen.

Gespensterpaare

→ Karte 14

e D b J

B a L F

l E j d

P A f p

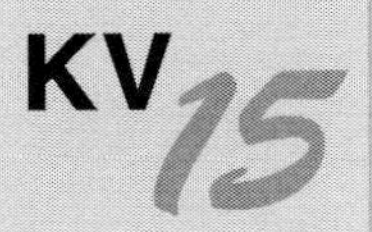

Selbstlaut-Detektiv

→ Karte 15

LISA	TONI	EGON
LENA	OPA	MAMA
ULI	OMA	PAPA
LUKAS	SIMON	ELENA
EMIL	TOM	MONI

EGON	TONI	LISA
MAMA	OPA	LENA
PAPA	OMA	ULI
ELENA	SIMON	LUKAS
MONI	TOM	EMIL

KV 15 als Vorder- und Rückseite zusammenkleben.

Buchstabenschlangen

→ Karte 16

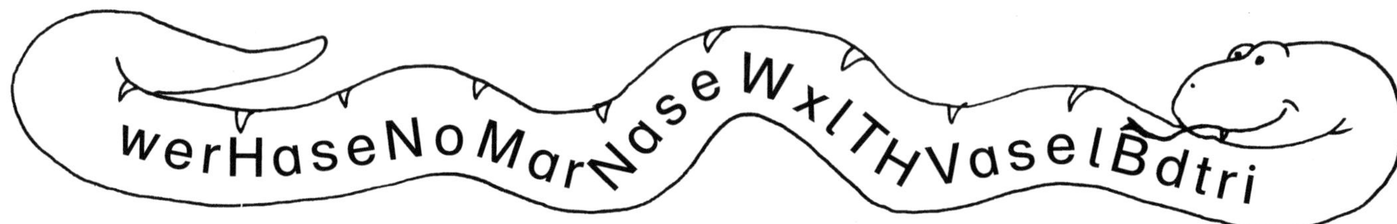

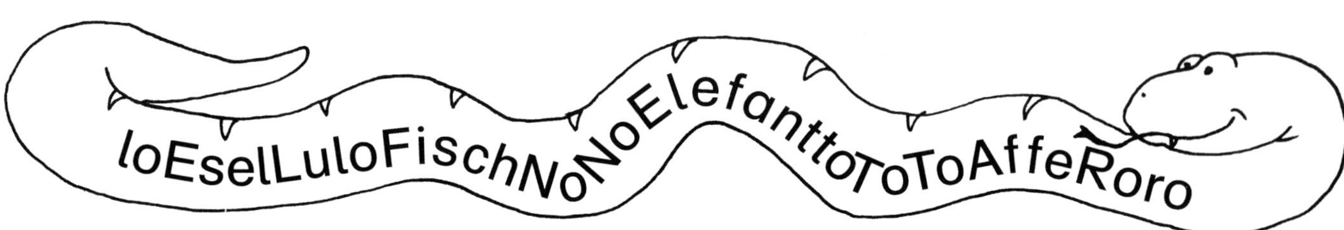

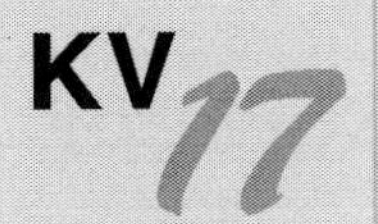

Adlerauge

→ Karte 17

b	p	b	p	d	p	d	p	b	p	d	p	b	p	d	p	b	4
p	p	b	d	p	p	d	d	b	p	d	d	p	b	p	p	d	7
d	d	b	p	b	p	d	d	p	b	b	d	p	d	b	d	b	6

B	B	P	D	D	B	P	P	B	D	B	B	P	D	B	B	7
P	P	D	D	B	P	P	D	P	B	P	P	D	B	P	D	7
D	D	P	D	B	B	D	D	P	B	P	B	P	D	D	B	6

ei	ei	ie	e	ei	ie	ei	ei	i	i	e	ie	ei	5
au	au	a	a	au	u	u	au	au	au	u	u	a	5
eu	eu	ue	ue	ue	u	u	e	e	e	eu	eu	eu	4

Signalgruppen finden → Karte 18

And	and

Hand Band Land andere Strand
fand Andi wandern Rand

_____reas baut am Str_____ eine S_____burg.

Seine Schwester _____rea hat ein buntes B_____ in ihrer H_____.

Aus	aus

Laus Faust sausen hinaus Brause Maus
heraus Pause Haus Auspuff

Die M_____ sitzt in der Ecke und beobachtet eine L_____.

Die Kinder s_____en in der P_____e aus dem Schulh_____.

Ein	ein

Bein sein Stein fein klein herein
Eingang Schwein rein hinein Wein weinen

_____ Kind stolpert über _____en St_____ und reibt sich das B_____.

Die Wunde ist zum Glück nur kl_____. Trotzdem w_____t das Kind.

Ind	ind

Kind Rind Wind blind sind Binde finden
Linde Rinde Linda Finder Cindy Indianer

Bei starkem W_____ f_____et L_____a unter der L_____e ein kleines R_____. Es hat sich verlaufen und f_____et nicht mehr zurück.

Und	und

wund rund Stunde Wunder Undank verschwunden
Hund gefunden wundern Schlund Grund Runde

Mit einem H_____ muss man täglich für eine St_____e raus gehen.

Lisa geht eine große R_____e mit ihrem H_____ Bello.